# Identiteetti

*Kuka olen Jeesuksessa ja miten elän sitä todeksi?*

## Mesi Medeiros

Kustantaja: BoD – Books on Demand, Helsinki, Suomi
Valmistaja: BoD – Books on Demand, Norderstedt, Saksa

ISBN: 978-952-806-708-5

# Kiitokset

Kiitos rakas Jeesus siitä kuka olet ja siitä, että haluat elää suhteessa minun kanssani. Kiitos, että lunastit minut ja jatkuvasti paljastat lisää siitä, mitä kaikkea tämä pitää sisällään! Kiitos siitä, minkälaiseksi loit minut. Kiitos Raamatusta, joka on saatavillani monena eri käännöksenä ja joka jatkuvasti ravitsee minua! Minun elämäni kantaa hedelmää, koska pysyn sinussa.

Kiitos rakas aviomieheni (André Medeiros) sinun uskostasi minuun kirjoittaa kirja. Sinä sait minut liikkeelle ja monella tavalla teit tämän mahdolliseksi! Kiitos kaikesta käytännön avusta, jonka vuoksi kirja on nyt konkreettisesti mustaa valkoisella ja kaikkien halukkaiden saatavilla.

Olen äärimmäisen kiitollinen ihanalle äidilleni (Merja Tuominen) sekä teille, upeille ystävilleni (Heidi Lárraga, Saara Campos, Marja Rouvinen ja Samu Ainesmaa), jotka olette lukeneet kirjan eri versioita ja antaneet korvaamatonta palautetta sekä sisällöstä että kieliasusta. Kirja on parempi teidän panostuksenne ansiosta. Arvostan teitä suuresti!

Kiitos myös teille kaikille muille elämäni ihmisille, jotka olette tukeneet minua prosessin aikana. Jokainen rohkaisun sana on kannustanut eteenpäin. Kiitos!

# Sisällys

# Johdanto

## Pilkahdus omasta tarinastani

Me määritämme identiteettimme herkästi sen mukaan, mitä teemme. Mieti, mitä kerrot itsestäsi, kun tapaat uuden ihmisen. Opiskelen ammattikorkeakoulussa. Teen töitä lasten parissa. Harrastan musiikkia. Tykkään liikkua. Ja niin edelleen. Ylioppilaskokeiden jälkeinen kevääni haastoi sen, miten määrittelen itseni. Olin päättänyt, etten täytä päiviäni millä tahansa tekemisellä, vaan pysähdyn kunnes tiedän, mihin todella haluan seuraavaksi ryhtyä. Tartuin mahdollisuuteen erottaa erityistä aikaa ollakseni Jumalan kanssa, sillä janosin tuntea hänet paremmin. Jokainen esittäytyminen uudelle ihmiselle oli mielenkiintoinen. Yhtäkkiä en pystynyt vastaamaan yhdellä sanalla enkä edes yhdellä lauseella siihen mitä teen, koska en ollut enää opiskelija enkä vielä minkään alan ammattilainen. Tämä sai minut pohtimaan mitä minusta jää jäljelle, kun "tittelit" riisutaan. Kuka minä olen silloin, kun en tee jotain, enkä voi määrittää itseäni elämäntilanteeni mukaan? Ymmärsin hyvin konkreettisesti, miten helppoa tekemisen taakse on piiloutua.

Vaikka olin innoissani erilaisesta ajanjaksosta ja kaikesta, mitä Jumala puhuisi minulle henkilökohtaisesti, ensimmäisen viikon aamut tuntuivat yllättävän vaikeilta. Mikä on motivaationi nousta sängystä, kun en ole menossa kouluun tai töihin? Mikä saa minut liikkeelle, kun en ole vastuussa kenellekään ihmiselle? Mitä teen käytännössä kaikella ajalla, mitä yhtäkkiä on koko päivä? Jumala kutsui minut matkalle etsimään identiteettiäni tekemistä syvemmältä, etsimään sitä hänestä. Opettelin tarkoituksenmukaisemmin viettämään aikaa kahden kesken Jumalan kanssa. Tartuin Raamattuun. Ylistin. Kuuntelin opetusta Jeesuksen seuraamisesta. Tein muistiinpanoja ja kirjoitin päiväkirjaa prosessoidakseni ajatuksiani selkeämmin. Käytin tähän kaikkeen monta tuntia joka päivä. Etsin konkreettista suuntaa seuraaville kuukausille.

Ennen kuin Jumala avasi ovia mihinkään toimintaan, hän juurrutti minuun arvoani ihmisenä. Jumala toisti uudelleen ja uudelleen sitä, että olen ennen kaikkea hänen rakas tyttärensä, ja hän on mieltynyt minuun. Arvoni ei määräydy tippaakaan minun sosiaalisen statukseni, koulutukseni, pankkitilini, taitojeni tai saavutuksieni mukaan. Arvoni on siinä, että Jumala näki minut niin kalliina, että hän maksoi kalleimman mahdollisen hinnan, jotta saisi minut.

Vertauskuvana tästä voidaan esittää kysymys: Mikä määrittää tavaran hinnan markkinoilla? Se, miten paljon joku on valmis siitä maksamaan. Ja Jumala antoi oman henkensä, jotta saisi minut. Vaikka olin lapsesta asti kuullut, että Jumala on rakkaus, huomasin, että minun olikin vaikea todella uskoa, etten voi ansaita tai menettää Jumalan rakkautta minua kohtaan. Aamu toisensa jälkeen, ennen kuin edes nousin sängystä ja tein yhtään mitään, Jumala vakuutti minulle, että hän rakasti minua ja oli ylpeä minusta. Tällä ei ollut mitään tekemistä sen kanssa, miten suoriuduin. Hän rakastaa, koska hän rakastaa. Tämä alkoi upota sydämeeni ja muuttaa minua sisältä ulospäin. Huomasin miten tärkeää oli sisäistää se totuus, mitä Jumala minusta sanoo. Koin syvää merkityksellisyyttä jokaiselle päivälle ihan vain muistaessani mitä Jumala minusta ajattelee!

Jos identiteettimme on täysin siinä, että olemme Jumalan rakkauden kohteita tekemättä mitään, ja vieläpä mikään ei edes muuta hänen rakkautta meihin, miksi tekisimmekään mitään? Miksemme jäisi sänkyyn uppoutumaan Jumalan rakkauteen loppu elämäksemme? Meidät on luotu Jumalan kuvaksi, ja Jumala ei ole passiivinen. Passiivisuus ei ole myöskään meidän luonteelle ominaista. Heidi Baker usein sanoo, että rakkaus näyttää joltakin. Rakkaus saa meidät liikkeelle ja näkyy aina konkreettisesti.

On tärkeää ymmärtää, että vaikka meidän arvomme ei perustu tekemiseen, Jumala on luonut meidät tarkoitusta varten. Mitä enemmän otamme vastaan Jumalan rakkautta ja sen voimasta muutumme itse, sitä enemmän me myös haluamme toimia tämän rakkauden mukaan. Me emme tee jotain saavuttaaksemme sillä hyväksyntää, rakkautta, arvoa tai muuta vastaavaa. Me olemme Jumalassa täysin hyväksyttyjä, rakastettuja ja arvokkaita, ja juuri sen vuoksi myös käyttäydymme sen mukaan. Tekeminen kumpuaa siitä, mitä tiedämme olevan totta itsestämme. Kun annamme Jumalalle tilaa elämässämme ja luvan rakastaa jokaista kohtaa meissä, rakkaus alkaa näkyä myös kaikessa, mitä me olemme ja teemme.

Kun se, miten näin itseni muuttui, muuttui myöskin se, miten näin toiset ihmiset. Elämässäni oli selkeämmin kyse rakkaudesta. Aloin opetella elämään niin, että kaikki, myös tekeminen, kumpuaa rakkaussuhteestani Jumalaan. Opettelin ottamaan vastaan Jumalan rakkautta minua kohtaan ja rakastamaan muita tarkoituksenmukaisemmin tällä samalla rakkaudella.

*"Me olemme oppineet tuntemaan sen rakkauden, joka Jumalalla on meitä kohtaan, ja me uskomme siihen. Jumala on rakkaus. Joka pysyy rakkaudessa, pysyy Jumalassa, ja Jumala pysyy hänessä. . . . Me rakastamme, koska hän on ensin rakastanut meitä." (1. Johannes 4:16, 19.)*

Se syvä työ, mitä Jumala minussa teki kymmenisen vuotta sitten, kantaa hedelmää edelleen. Viime vuosiin on mahtunut monta erilaista ajanjaksoa, osa hyvinkin tekemisen täyteisiä, mutta tämä oivallus rakkaudesta on muuttanut elämääni. Ja muuttaa yhä! Koko loppuelämäni saan ymmärtää Jumalan rakkautta paremmin ja muovautua aina enemmän tämän rakkauden kaltaiseksi. Olen edelleen tällä matkalla.

# Tämän kirjan tarkoitus

Olen koonnut tähän kirjaan kiteytetysti siitä, mitä tähän asti olen oppinut identiteetistä ja elämästä Jeesuksessa. Mitä hän sanoo siitä, keitä olemme? Millaista on löytää identiteetti Jeesuksesta suhteen kautta, hukuttamatta itseään uskontoon? Miten elää uskoa Jeesukseen todeksi? Kirja pohjaa siihen, mitä olen ymmärtänyt Raamatusta ja kokemuksiini siitä, kuka Jumala on. Kirja ei missään nimessä ole tyhjentävä vastaus kaikkiin identiteettiin ja Jeesuksen seuraamiseen liittyviin kysymyksiin, vaan sen on tarkoitus kutsua jokaista itse etsimään Jeesusta ja omaa minuuttaan hänestä. Jaan ajatuksiani, jotta voit peilata niihin omiasi.

Sinulla on täysi lupa ottaa vastaan se, minkä uskot olevan totta, ja jättää pohdintaan se, mikä kuulostaa ehkä vieraalta, tai mistä olet eri mieltä. Nimittäin varmasti on jotain, mistä olet eri mieltä. Olenhan itsekin vielä matkalla Jumalan tuntemisessa. Me ymmärrämme jotkin asiat eri tavalla ja myös sanoitamme samaa ilmestystä eri lailla. Ja se on todella OK. Se on erilaisuuden kauneutta ja rikkautta. Rukoilen, että et kuitenkaan menetä mitään, mitä Jumala haluaa sinulle avata näiden lukujen kautta. Kannustan sinua lukemaan koko ajan keskustellen Jumalan kanssa. Anna hänen tulkata tekstiäni sinulle. Silloin kaikki sekin, minkä olen ehkä ymmärtänyt väärin, tuo sinulle silti lisää ymmärrystä Jeesuksesta!

Jumala usein puhuu minulle elokuvien kautta. Esimerkiksi kun jokin kohtaus resonoi sen kanssa, mitä Raamatussa myös lukee tai miten olen Jeesuksen kokenut. Yksi elokuva, jonka olen katsonut useamman kerran, on Disney:n animaatio Vaiana. Tarina kertoo päällikön tyttärestä, joka ei ole tyytyväinen siihen, mitä heimon elämä Motunuin saarella on. Hänen sisällään kutkuttaa tunne suuremmasta seikkailusta ja häntä ei pelota lähteä kulkemaan sitä kohti. Hän näkee saarensa luhistuvan hiljalleen ja kuulee isoäidiltään syyn. Puolijumala on varastanut sydämen ja saaren elpyminen edellyttää sydänkiven löytämistä meren toiselta puolen ja sen palauttamista saaren ytimeen. Vaiana lähtee etsimään puolijumalaa vaatiakseen tätä korjaamaan töppäyksensä. Matkallaan vastustusten läpi hän useasti muistuttaa itseään missiostaan. "Minä olen Vaiana Motunuilta. Astu veneeseeni, matkaa meren halki ja palauta Te Fitin sydänkivi." Hänelllä on vahva ymmärrys siitä, *kuka* hän on, *mistä* hän tulee ja *mitä* hän on tekemässä, eikä hän anna minkään horjuttaa tätä.

Selkeä fokus ei ole elokuvan käsikirjoittajan ajatus, vaan elämän käsikirjoittajan, Jumalan idea, joka löytyy myös Raamatusta. Habakuk kehottaa kirjoittamaan näyn niin selvästi tauluihin, että sen voi vaivatta lukea (Habakuk 2:2). Jotta täytämme elämässä meidän tarkoituksemme, meidän täytyy tietää mistä tulemme, keitä olemme ja mitä meidän on tarkoitus tehdä. Siispä avaan tässä kirjassa sitä, mitä Raamattu kertoo meidän alkuperästä, meidän Luojasta ja meidän elämästä suhteessa häneen. Avaan myös konkreettisesti sitä, miten voi olla suhteessa Jumalan kanssa ja miten tämä suhde syvenee. Kun opimme tuntemaan Jumalaa ja sitä, keitä Jumalassa olemme, saamme paremmin kiinni siitä, mitä voimme elämällämme tehdä.

Kirja on tarkoitettu ensinnäkin sinulle, joka olet juuri löytänyt Jeesuksen. Raamattu saattaa olla sinulle todella vieras ja kaipaat kokonaiskuvaa kristinuskosta. Millainen Jumala on? Miltä elämän tulisi näyttää nyt? Mitä evankeliumi tarkoittaa käytännössä –mikä sinussa ja sinun elämässäsi muuttuu, mikä ei?

Kirja on samalla myös sinulle, joka olet ehkä koko elämäsi ollut uskossa, mutta Jeesuksen seuraamiseen liittyy useammin ajatus siitä, että *minun täytyy* kuin *minä tahdon*. Tai voi olla, että yrittäessäsi elää Jeesukselle, olet unohtanut tai kieltänyt jotain itsestäsi, minkä Jumala todellisuudessa iloiten ja tarkoituksella sinuun loi. Jumala haluaa esitellä itsensä sinulle uudelleen ja näyttää miten hän sinut näkee.

Kirja on myös kaikille tältä väliltä. Mikä ikinä oma taustasi onkaan, rukoilen, että tämän kirjan kautta sinussa herää jano tuntea Jeesus paremmin, mieleesi nousee uusia kysymyksiä ja saat Jumalalta uutta ilmetystä hänen loputtomasta rakkaudestaan. Rukoilen myös, että kävelet varmana identiteetissäsi Jeesuksen omana ja elät joka päivä enemmän hänen kaltaisenaan, Jumalan kaikessa täyteydessä.

*Huomautus: Kirjassa on paljon lainauksia ja siteerauksia Raamatusta. Olen merkinnyt Raamatunkohdat heti tekstin perään, jotta ne on nopea löytää, jos haluaa avata Raamatun itse. (Suosittelen!)*

*Raamatunkohtien merkinnät:*
*Raamatun kirja Luku: Jae*
*Esimerkiksi Heprealaiskirje 1:1*

*Mikäli Raamattu ei vielä ole tuttu, olen kirjoittanut koko kirjan tai kirjeen nimen ylös, kun se ilmenee ensimmäisen kerran kussakin luvussa ja jatkossa lyhentänyt sen tilan säästämiseksi.*

*Esimerkiksi Heprealaiskirje – myöhemmin Hepr.*

*1. Korinttilaiskirje – myöhemmin 1. Kor.*

# Luku 1:
# Mitä tapahtui alussa?

Ensimmäinen luku kiteyttää Raamatun kokonaisuutta: Mitä Raamattu sanoo maailman alusta ja Jumalan suunnitelmasta asettaa kaikki jälleen ennalleen? Myöhemmissä luvuissa pureudutaan syvemmälle evankeliumiin ja siihen, mitä se meille tarkoittaa.

*"Uskon kautta me ymmärrämme, että maailmat on tehty Jumalan sanalla, niin että se, mikä nähdään, ei ole syntynyt näkyvästä."* (Heprealaiskirje 11:3)

## Paratiisi aikojen alussa

Ennen maailman alkua, Jumala jo oli. Hän on aina ollut, on aina oleva ja hänessä kaikki pysyy koossa (Kolossalaiskirje 1:17). Ikuinen Jumala. Jumala, joka on täynnä elämää ja yhteyttä. Jumala, joka on Isä, Poika ja Pyhä Henki. Jumala, joka on rakkaus. Tämä Jumala loi maan omasta täyteydestään. Hän sanoi: Tulkoon valo, ja valo tuli (1. Mooseksen kirja 1:3). Hän loi sanansa voimalla kaiken: taivaan, maan, meren, kasvit, auringon, kuun, tähdet ja eläimet. Koko valtavan universumin. Jumalan luoma maailma oli hyvä!

Jumala loi myös ihmisen sanoen: "Tehkäämme ihminen kuvaksemme, kaltaiseksemme, ja hallitkoon hän meren kaloja, taivaan lintuja ja koko maata sekä kaikkia maan päällä liikkuvia isoja ja pieniä eläimiä" (1. Moos. 1:26). Jumala loi ihmisen heijastamaan sitä, millainen hän itse on, oman itsensä kaltaiseksi. Huomaa, että Jumala puhui itsestään monikossa. Isä, Poika ja Pyhä Henki loivat ihmisen heidän kaltaisekseen. Tästä yhdestä ihmisestä Jumala erotti miehen ja naisen. Jumala muovasi ensin miehen tomusta ja puhalsi tähän elämän hengen. Miehen nukkuessa Jumala otti tältä kylkiluun ja muotoili, tarkasti suunnitteli sen ympärille naisen. Mies ja nainen *yhdessä* ovat Jumalan kuva. Jumala istutti puutarhan itään, Eedeniin, ja asetti ihmiset sinne (1. Moos. kirja 2:8).

Tässä puutarhan ihmeellisessä paratiisissa Jumala käveli ihmisten vierellä ja he keskustelivat yhdessä. Ihminen luotiin täydelliseen yhteyteen Jumalan kanssa ja ihminen oli täysin yhteydessä myös omaan sydämeensä ja toiseen ihmiseen. Ei ollut mitään, mikä olisi voinut vastustaa tai vääristää ihmisen suhdetta Jumalaan ja toinen toiseensa. Ihmiset elivät täysin nähtyinä, tunnettuina, hyväksyttyinä ja rakastettuina. Ihmiset eivät tunteneet lainkaan häpeää tai syytöstä.

# Hyökkäys Jumalan rakkainta vastaan

Jos tarinamme ihmisinä alkoi näin, mitä ihmettä tapahtui? Missä tämä paratiisi on nyt? Hesekielin kirjassa luvussa 28 kuvataan kapina taivaassa. Yksi enkeleistä, Lucifer ylpistyi ja lankesi. Hän tahtoi Jumalan paikan –olla palvottu, ei palvoa itse. Tätä paikkaa ei kuitenkaan ole tarkoitettu kenellekään luodulle, vaan Luojalle yksin. Lucifer ja hänen mukanaan langenneet enkelit syöstiin maahan ja erotettiin yhteydestä Jumalaan ikiajoiksi (Ilmestyskirja 12:12). Luciferistä tuli saatana (vastustaja), joka nyt rellestää maan päällä. Hän vihaa erityisesti ihmisiä, sillä ihmiset ovat rakkainta Jumalalle.

Puutarhassa saatana kiemurteli kuvaan käärmeenä, joka valehtelemalla houkutteli ihmisen pois Jumalan hyvästä tahdosta. Paratiisissa oli paljon puita, mutta kaksi mainittiin erikseen: Elämän puu ja hyvän- ja pahantiedon puu. Kaikista muista paratiisin puista ihminen sai vapaasti syödä, mutta hyvän- ja pahantiedon puusta Jumala oli sanonut: "Hyvän- ja pahantiedon puusta älä syö, sillä sinä päivänä, jona siitä syöt, sinä totisesti kuolet" (1. Moos. 2:17). Kuolema Raamatussa mielletään myös erona, ei pelkästään sinä fyysisenä kuolemana, mitä kehomme kokee. Esimerkiksi hengessä kuollut ihminen on erossa Jumalan hengestä ja toisaalta Jeesuksen omien henget eivät koskaan kuole, vaan ne erkanevat

17

ruumiista ikuisuuteen fyysisessä kuolemassa. Niinpä kuolema ei tässä yhteydessä tarkoita, että ihminen hedelmää syötyään vaipuisi kuolleena maahan, vaan se tarkoittaa ihmisen eroa Jumalasta ja siitä täydellisestä yhteydestä, jossa he elivät.

1. Mooseksen kirjan kolmas luku kertoo käärmeen aloittaneen petoksensa kyseenalaistamalla sen, mitä Jumala oli sanonut. "Onko Jumala todella sanonut..." Eikä hän jäänyt tähän, vaan vääristi Jumalan viestiä: "Onko Jumala todella sanonut: 'Älkää syökö mistään puutarhan puusta'?" Nainen ei mennyt lankaan, vaan muisti, että kaikista muista puista saa kyllä syödä, ja vain hyvän- ja pahantiedon puu on pelistä pois. Käärme vastasi: "Ette te suinkaan kuole, vaan Jumala tietää, että sinä päivänä, jona te syötte siitä, teidän silmänne aukeavat ja teistä tulee Jumalan kaltaisia, niin että tiedätte hyvän ja pahan" (1. Moos. 3:5). Seuraava jae kertoo, kuinka nainen näki puun houkuttelevana, koska siitä sai ymmärrystä. Niinpä hän otti puusta hedelmän ja söi siitä yhdessä miehensä kanssa.

Tämä on yksi surullisimmista jakeista Raamatussa. Vastustaja houkutteli ihmisen kapinoimaan Jumalaa vastaan väittämällä, että ihmisestä tulisi Jumalan kaltainen. Mutta mitä Jumala oli sanonut luodessaan ihmistä? "Tehkäämme hänet kaltaiseksemme." *Ihminen oli jo Jumalan kaltainen!* Ihminen oli itseasiassa sitä, mitä saatana eniten halusi olla, eikä saatana sietänyt tätä. Hän onnistui vakuuttamaan ensimmäiset ihmiset siitä, ettei heillä olisi kaikkea, mitä he tarvitsivat, että se, mitä Jumala oli luonut, ei riitä. Hän vääristi sitä, että Jumala on hyvä. Hän sai ihmiset epäilemään, että Jumala pimittää jotain, mitä he tarvitsisivat.

Saatanan valheet ja petos eivät jääneet puutarhaan, vaan hänen temppunsa ovat edelleen samat. Lankeamisestaan asti hänen agenda on ollut vetää kapinaansa mukaan kaikki, joista suinkin otteen saa, kunnes tämä aika päättyy. Tänäkin päivänä uskonnollisuudessa on kyse siitä, että ihminen yrittää itse tulla Jumalan kaltaiseksi tai Jumalalle mieluisaksi omassa voimassaan ja omien tekojen kautta, haluaminsa sääntöjen mukaan. Tai kolikon kääntöpuolena ihminen kieltää Jumalan ja määrittää itsensä erillään Jumalasta. Kumpikaan ei lepää Jumalan alkuperäisessä suunnitelmassa ja molemmat jäävät vaille Jumalan täyteyttä.

## Jumala tavoittelee takaisin

Syötyään hyvän- ja pahantiedon puusta ihmiset näkivät, että he olivat alasti ja he tunsivat häpeää, ensimmäistä kertaa. Häpeissään mies ja nainen piiloutuivat Jumalalta. Huomaa, että synnin jälkeen ihminen ei ensin huutanut avuksi Jumalaa, vaan Jumala kutsui ihmistä: "Aadam, missä sinä olet?" Aadam oli valinnut elää erillään Jumalasta, mutta Jumala ei halunnut elää erossa Aadamista. Jumala tiesi kyllä, missä ihminen on, mutta kutsui Aadamia nimeltä yhteyden ennalleenasetus mielessä. Vaikka ihminen oli toiminut väärin ja paennut Jumalaa, Jumala tavoitteli häntä. Jumala ei ollut loukkaantunut ja jättänyt ihmistä kärsimään tekojensa seurauksia. Jumala on rakkaus ja rakkaus peittää kaiken. Niinpä Jumala uhrasi ensimmäisen eläimen, jonka nahasta hän teki vaatteet peittämään ihmisen häpeän. (1. Moos. 3:7–21.) Tämä oli kuva suuremmasta uhrista, Jeesuksesta, joka sovitti synnin lopullisesti ja peitti rakkaudella kaikki sen vaikutukset.

Ihmisten valinnan seurauksena Jumalan täytyi kuitenkin karkottaa heidät paratiisista. Jumala sulki paratiisin oven ja asetti sen ovelle taivaalliset olennot ja leimuavan miekan vartioimaan elämän puuta. Toisin kuin miten tämän voi ensilukemalta mieltää, tämä ei ollut rangaistus, vaan Jumalan rakkauden teko. Jumala teki tämän suojellakseen ihmistä, jotta he eivät tässä langenneessa tilassa söisi vielä paratiisin elämän puusta ja eläisi ikuisesti erossa Jumalasta (1. Moos. 3:22–24). Muista, että Jumalalla oli sovinto mielessä. Mutta jatketaanpa kertomusta.

Paratiisi vain muistona, ihmiset elivät nyt työtä tehden, tuntematta Jumalan läsnäoloa. Ihmisiä syntyi lisää ja he ajautuivat pikkuhiljaa kauemmas ja kauemmas Jumalasta. Jumala kuitenkin jälleen tavoitteli ihmisiä. Hän erotti yhden kansan, Israelin, itselleen. Jumala teki israelilaisten kanssa liiton ja lupasi olla heidän Jumalansa ikuisesti. Jumala valitsi Israelin osoittaakseen oman luonteensa kansan keskellä ja kutsuakseen tämän kautta kaikki muutkin kansat omikseen. Jumala on pyhä, hänessä ei ole mitään pimeyttä, ei mitään vääryyttä. Niinpä hänen kansansa tuli myös olla pyhä, eli erilleen asetettu ja erotettu. Jumala, joka janoaa suhdetta, tahtoi asua kansansa keskellä, joten hän antoi heille lain, jonka kautta hän ilmoitti pyhyytensä. Lakia noudattamalla ihmiset voisivat elää liitossa Jumalan kanssa.

Laki kuitenkin paljasti, kuinka kukaan ei hyvänäkään päivänä yltänyt Jumalan pyhään standardiin. Laki osoitti synnin jokaisessa ihmisessä ja paljasti kiistattoman tarpeen pelastajalle (Roomalais-kirje 7:7). Ei nimittäin ole yhtäkään vanhurskasta, ei ketään, joka tekee hyvää (Room. 3:10–13). Laki itseasiassa muistutti, ettei ihmisen koskaan kuulunutkaan pärjätä erossa Jumalasta! Koska lain noudattaminen virheettömästi oli ihmiselle mahdotonta, Jumala määräsi hänen kansalleen papit, jotka uhrasivat jokavuotisen, virheettömän eläinuhrin omien ja kansan syntien puolesta. Koska veressä on elämä, viattomassa veressä on rikkomusten sovitus. Emme ehkä ymmärrä miksi ja miten näin on, mutta näin Jumala on säätänyt. Eläinuhri ei kuitenkaan ollut Jumalan lopullinen ratkaisu ihmisen eroon hänestä, vaan jälleen kuva tulevasta, suuremmasta uhrista.

*"Laissa on siis tulevan hyvän varjo, ei itse asioiden olemusta. Siksi se ei voi koskaan samoilla jokavuotisilla uhreilla, joita jatkuvasti uhrataan, tehdä täydellisiksi niitä, jotka lähestyvät Jumalaa. Eikö näitä uhreja olisi lakattu uhraamasta, jos niillä, jotka Jumalaa palvelevat, jo kerran puhdistettuina ei olisi enää ollut mitään syntejä tunnollaan? Mutta uhreissa on jokavuotinen muistutus synneistä. Mah-*

dotontahan on, että härkien ja pukkien veri voi ottaa pois syntejä." *(Hepr. 10:1–4.)*

*"Sitten hän (Jeesus) sanoo: 'Katso, minä olen tullut teke-mään sinun tahtosi.' Hän poistaa ensimmäisen asettaak-seen toisen. Tämän tahdon perusteella meidät on pyhitetty Jeesuksen Kristuksen ruumiin uhrilla kertakaikkisesti."* *(Hepr. 10: 9–10.)*

## Täydellinen sovitus ennen aikojen alkua

Jumalalle syntiinlankeemuksesta seurannut draama ei siis ollut yllätys. Hänellä oli suunnitelma jo ennen aikojen alkua. Jumalan kaikenkattava vastaus syntiin, meidän eroomme hänestä, oli hä-nen ainoa Poikansa, Jeesus. Täydellinen uhrilammas, jonka veri sovitti menneet ja tulevat synnit, sekä synnin seuraukset kerralla ja lopullisesti, kaikkien puolesta.

*"Tiedättehän, että teitä ei ole lunastettu isiltä perimästän-ne turhasta vaelluksesta katoavilla aarteilla, hopealla tai kullalla, vaan Kristuksen, kuin virheettömän ja tahratto-man Karitsan, kalliilla verellä. Hänet oli kyllä ennalta tunnettu jo ennen maailman perustamista, mutta vasta*

*viimeisinä aikoina hänet on tuotu julki teitä varten. Hänen kauttaan te uskotte Jumalaan, joka herätti hänet kuolleista ja antoi hänelle kirkkauden, niin että teidän uskonne ja toivonne on Jumalassa." (1. Pietari 1:18–21.)*

Yhteys Jumalaan syntyy ja syvenee uskon kautta Jeesukseen. Hän oli lopullinen uhri jokaisen puolesta. Me olemme kaikki tehneet syntiä, mutta Jeesus kuoli meidän puolestamme ristillä, kun vielä olimme hänen vihollisiaan (Room. 3:22, 5:10). Jeesus ei kuollut siksi, että Jumala vihaa syntiä, vaan siksi, että hän rakastaa meitä! Jeesus otti kantaakseen synnin rangaistuksen, jotta ihminen voisi palata paratiisiin, niin kuin kukaan ei olisi ikinä syönytkään hyvän- ja pahantiedon puusta tai rikkonut Jumalaa vastaan (2. Korinttilaiskirje 5:21). Jeesus on maksanut rikkomustemme hinnan kaikesta, mikä erotti meitä pyhästä, täydellisestä Jumalasta. Meillä kaikilla on nyt pääsy takaisin Isän yhteyteen, mihin meidät alunperin tarkoitettiin.

## Sovellus omaan elämääsi:

Jos et vielä tunne Jeesusta eikä elämäsi kuulu hänelle, voit ottaa hänet elämäsi Herraksi uskomalla häneen. Kerro hänelle: "Minä uskon!" Sydämen usko tuo vanhurskauden ja suun tunnustus pelastuksen (Room. 10:10). "Siinä Jumalan vanhurskaus ilmestyy uskosta uskoon, niin kuin on kirjoitettu: 'Vanhurskas on elävä uskosta.'" (Room. 1:17.)

Kun uskot Jeesukseen, saat olla varma pelastumisestasi, se on täysin Jeesuksen ansiota, eikä perustu sinun tekoihisi (Efesolaiskirje 2:8).

Läpi elämän, pysy samassa armossa, missä alun perin pelastuitkin (Galatalaiskirje 3:3).

Missä olet nojautunut omaan ansioosi seistä Jumalan edessä?

Miten olet pyrkinyt ansaitsemaan hänen rakkauttaan?

# Luku 2:
# Jumala ilmestyy Pojassaan

Seuraavan kahden luvun tarkoitus on pysäyttää meidät miettimään, millaisena näemme Jumalan ja mitä Jumala itsestään kertoo.

*"Teidän tulee tuntea minut ja uskoa minuun, ymmärtää, kuka minä olen"* (Jesaja 43:10).

## Kätkeytynyt Jumala?

Moni pohtii tai on joskus pohtinut kysymystä: "Miksi olemme täällä?" Tämä on tärkeä kysymys, sillä identiteettiämme ei voi irrottaa ymmärryksestämme siitä, miksi täällä olemme. Jumalakuvamme on oleellisin asia meidän identiteettimme kannalta, sillä se, miten Jumalan näemme, vaikuttaa kaikkeen muuhun elämässämme. Kaikki meidän oleminen ja tekeminen kumpuaa siitä, mitä itsestämme uskomme ja se, millaisena Jumalan näemme, on avaintekijä siinä, miten näemme myös itsemme. Se, kuka meidät on luonut ja miksi meidät on luotu, on perustus, jolle kaikki muu rakentuu.

Meidät on luotu tuntemaan Jumala, ja Jumala myös haluaa, että tunnemme hänet. Kuten viime luvussa puhuttiin, meidät luotiin täydelliseen yhteyteen Jumalan kanssa, täyteen häntä. Tästä syystä irrallaan hänestä me emme koskaan löydä itseämme täysin, emmekä täysillä elä todeksi sitä, keitä olemme. Meidät luotiin tuntemaan, keitä olemme *hänessä*. Koska hän esimerkiksi on Isä, tämä tekee meistä lapsia. Avaan tätä lisää myöhemmissä luvuissa. Jumalan tunteminen on ihana matka, ja niin kauan, kuin hengitämme, ei ole koskaan liian myöhäistä aloittaa! Me voimme myös aina saada syvempää, todellisempaa ja henkilökohtaisempaa ymmärrystä Jumalasta ja hänen täyteydestään meissä.

Jumala on niin paljon enemmän, kuin mitä tiedämme hänestä nyt! Hän ei paljasta itsestään kaikkea kerralla, jotta me saamme valita etsiä häntä. Jumalan etsiminen on meidän kunnia ja etuoikeus (Sananlaskut 25:2). Raamattu lupaa, että etsivä löytää ja että Jumala palkitsee heidät, jotka etsivät häntä, joten älä koskaan lakkaa etsimästä (Matteus 7:7 ja Heprealaiskirje 11:6). Muista, että vaikka Jumala on kätkeytynyt, hän haluaa, että hänet löydetään! Hän ilolla paljastaa meille, jotka etsimme, hänen sydäntään. Aivan kuten vanhempi ja lapsi, jotka leikkivät piiloleikkiä. Vanhempi ei piiloudu, koska ei halua lapsen löytävän häntä. Päinvastoin! Löytäminen on niin paljon hauskempaa ja palkitsevampaa, kun saa ensin etsiä. "Eihän mikään ole salattuna muuta varten kuin tullakseen ilmi eikä kätkettynä muuta varten kuin tullakseen julki" (Markus 4:22).

Vaikka olisit tuntenut Jumalan jo pitkään, avaa jälleen sydämesi ottamaan vastaan. Jumalalla on aina enemmän! Rukoilen, että kaikki tietomme Jumalasta uppoaa sydämiimme, niin että se muuttuu todelliseksi ymmärrykseksi ja henkilökohtaiseksi ilmestykseksi, jotta emme vain tiedä Jumalasta, vaan todella tunnemme hänet läheisellä tavalla. Kehotan sinua sanomaan itsekin Jumalalle: "Kohtaa minut nyt, opeta minulle lisää."

## Yksi Jumala

Viime luvussa esittelin jo Jumalan Isänä, Poikana (Jeesus) ja Pyhänä Henkenä. Hän on yksi Jumala, joka ilmaisee itsensä kolmen persoonan kautta. Nämä persoonat ovat täydellisesti yhtä. Maailma on täynnä erillisyyttä ja meidän aikamme on erityisen individualistinen, ja voi tuntua siltä, että ei saa kiinni Jumalan kolmiyhteisyydestä. Hang in there! Jumala ei ole sekaisin tai epävarma omasta identiteetistään, joskus Isä, joskus Poika, ehkä sittenkin Pyhä Henki... Mitä nyt milloinkin tekisi mieli olla. Jumala ei myöskään ole pelkästään Isä, jolla on apureina tyypit nimeltä Jeesus ja Pyhä Henki. Jumala on *yksi Jumala*, ja Isä, Poika ja Pyhä Henki *yhdessä* ovat tämä Jumala.

Jumalan ykseyttä voi miettiä täydellisen avioliiton kautta. Avioliitto on meille tuttu käsite ja konkreettinen esimerkki ykseydestä. Avioliitossa on kaksi erillistä persoonaa, jotka tulevat yhteen rakkaudessa ja heistä tulee yksi liha (1. Mooseksen kirja 2:24). He ovat siis edelleen kaksi persoonaa, mutta täydellisesti yhtä —heistä tulee saumaton tiimi. He tuntevat toisensa intiimimmillä mahdollisella tavalla. Avioliitossa on tilaa molemmille persoonille, eikä heidän välillään ole kilpailua. Molempia tarvitaan. Heillä voi olla eri rooleja. Molemmille on tilaa olla vahvoja, eikä kumpikaan pienennä itseään toisen vuoksi tai toista itsensä vuoksi. Puolisoiden välillä on keskinäinen kunnioitus, täysi haavoittuvaisuus ja jatkuva kommunikaatio. He iloitsevat toisistaan ja juhlivat toisiaan. He innolla kertovat toisistaan muille ja ylpeänä esittelevät toisensa.

Jos olet lukenut Raamattua, olet ehkä huomannut, että Jumalan persoonat puhuvat paljon enemmän toisistaan, kuin itsestään. Isä ylpeänä osoittaa Pojan, Poika tuli näyttämään Isän, Pyhä Henki kirkastaa Pojan, Poika lähettää Pyhän Hengen ja niin edelleen. Jumalassa ei yksinkertaisesti ole individualismia, Jumalan persoonat eivät koskaan toimi yksin tai erillään toisistaan. Niin kuin avioliitossa, Isän, Pojan ja Pyhän Hengen välillä ei ole hierarkiaa, he ovat kaikki samanarvoisia, he ovat täydellisessä yhteydessä toisiinsa ja uskon, että tähän yhteyteen kuuluu jatkuva kommunikaatio. Ajattele, että Jumalassa ei ole yksinäisyyttä, ei kilpailua, ei vertailua. Isän, Pojan ja Pyhän Hengen välillä on täydellinen kunnioitus ja rakkaus, koko ajan. Jumala itsessään on aina yltäkylläisen täynnä.

# Katso Jeesukseen, opit tuntemaan koko Jumalan

Meidän kolmiyhteinen Jumala on täysin ihmeellinen ja ainutlaatuinen siinä, miten hän valitsi näyttää itsensä maailmalle. Jumalan Poika, ikuinen Jeesus, jätti vapaaehtoisesti hänen valtaistuimensa taivaassa. Hän laski jumaluutensa edut uhrina alas ja otti täysin ihmisen muodon. Jumala tuli meidän luoksemme syntyen vaatimattomiin oloihin pienenä, täysin vanhemmistaan riippuvaisena vauvana. Jeesus eli elämänsä täydellisenä ja täysin virheettömänä (1. Pietarin kirje 2:22). Hän mallinsi meille millainen hänen Isänsä (ja meidän Isämme!) taivaassa on ja julisti, että tämä taivaan valtakunta on jälleen hänessä tullut lähelle jokaista.

Raamattu sanoo, että Jeesus on täydellinen kuva Jumalasta ja hän on Jumalan koko täyteys (Hepr. 1:1–3, Kolossalaiskirje 1:19, 2:9). Hän on koko Jumaluus, Isä, Poika ja Pyhä Henki ruumiillistuneena! Jeesus esitellään Jumalan Sanana (Johannes 1:1). Sana ilmaisee suhteen ajatuksen ja puheen välillä, toisin sanoen idean ja sen ilmentymän välillä. Jeesus korosti, että kun olet nähnyt hänet, olet nähnyt myös Isän (Joh. 5:19, 14:9). Kun siis mietit millainen Jumala on, peilaa kaikkea Jeesukseen. Kun luet Raamattua, etsi Jeesusta ja pohdi miten kaikki sen tekstit osoittavat häneen. Mitään, mitä et näe Jeesuksessa, ei ole myöskään Isässä, ja kaikki mitä näet Jeesuksen tekevän, on myös Isän tekoja (Joh. 17:21).

Jeesus korosti, että hän on yhtä Isän kanssa ja tekee vain sitä, mitä näkee Isän tekevän (Joh. 10:30–31). Kukaan ei ole nähnyt Jumalaa, paitsi Poika, ja jokainen, jolle Poika hänet ilmentää (Joh. 6:46). Yksi Pyhän Hengen tehtävistä on auttaa meitä näkemään Jeesus selkeästi, jotta opimme tuntemaan Jumalan.

## Jumala on rakkaus

"Joka ei rakasta, ei tunne Jumalaa, sillä Jumala on rakkaus" (1. Johannes 4:8). Jumala *on* rakkaus. 1. Kirje korinttilaisille 13:4–8 kuvaa Jumalan rakkautta: "Rakkaus on pitkämielinen, rakkaus on lempeä, rakkaus ei kadehdi, ei kerskaile, ei pöyhkeile, ei käyttäydy sopimattomasti, ei etsi omaa etuaan, ei katkeroidu, ei muistele kärsimäänsä pahaa, ei iloitse vääryydestä vaan iloitsee yhdessä totuuden kanssa. Kaiken se peittää, kaikessa uskoo, kaikessa toivoo, kaiken se kärsii. Rakkaus ei koskaan häviä." Koska Jeesus on Jumalan koko täyteys ja Jumala on rakkaus, tämä kohta kertoo siitä, millainen Jeesus on. Jeesus on pitkämielinen ja lempeä, hän ei kadehdi, kerskaile, pöyhkeile, käyttäydy sopimattomasti, etsi omaa etuaan, katkeroidu, muistele kärsimäänsä pahaa, eikä iloitse vääryydestä vaan iloitsee yhdessä totuuden kanssa. Jeesus peittää kaiken, uskoo ja toivoo kaikessa, kärsi kaiken. Jeesus ei koskaan häviä.

Ajattele, rakkaus on persoona! Se ei ole konsepti tai tunne. Rakkauden voi tuntea tuntemalla Jeesuksen. Rakkaus sanana voi herättää meissä erilaisia mielleyhtymiä, joten avaan sitä kreikan sanaa, millä Raamatussa puhutaan Jumalan rakkaudesta. *Agape* tarkoittaa epäitsekästä, uhrautuvaa ja ehdotonta rakkautta. Se rakastaa riippumatta siitä, miten rakkaus otetaan vastaan. Se ei siis riipu rakkauden kohteesta, eikä määritä etukäteen rakkauden vaikuttavuutta. *Agape* -rakkaus ei myöskään ole passiivinen, vaan aktiivinen, ja se osoittaa rakkauden teoilla. Se rakastaa loppuun asti. Se on Jumalan täydellistä rakkautta. Katsotaan hieman, miten tämä rakkaus ilmeni Jeesuksen elämässä.

## Rakkaus antaa

Jeesuksen aikuisiässä hän perheineen sai kutsun häihin. Hyvin todennäköisesti nämä eivät olleet ensimmäiset häät, joissa Jeesus oli vieraana. Häät kestivät monta päivää ja oli odotettavaa, että sulhanen tarjoaa riitävästi viiniä. Juutalaisessa kulttuurissa oli itseasiassa häpeällistä epäonnistua tässä. Viiniä kuitenkin oli liian vähän kaikille vieraille. Niinpä Jeesuksen äiti lähestyi poikaansa ja pyysi tältä apua. En tiedä oliko Jeesus joskus muuttanut menua kotona, mutta Maria joka tapauksessa tiesi, kuka Jeesus todella on. Loppujen lopuksi hän juuri oli se neitsyt, joka kuitenkin oli synnyttänyt pojan!

Maria tiesi, että Jeesus on Jumalan Poika. Tässä vaiheessa Jeesus ei ollut vielä tehnyt julkisia ihmetekoja, mutta äitinsä tahtoa kunnioittaen Jeesus pyysi palvelijoita täyttämään ääriään myöten kuusi kivistä puhdistautumisastiaa vedellä. Tämän jälkeen Jeesus pyysi heitä ammentamaan astiasta juomaa pitojen valvojan maistettavaksi. Mitä ikinä palvelijoiden mielessä liikkui, he silti tekivät kuten Jeesus sanoi. Ja pian pitojen valvojan huulia ei koskettanutkaan vesi, vaan viini! Tästä lähtien Jeesus ei enää ollut vain "se naapurin poika Jeesus", vaan ihmeitä tekevä Jeesus. Jeesuksen elämä maan päällä muuttui radikaalisti.

Johanneksen evankeliumin mukaan Jeesuksen ensimmäinen julkinen ihme ei ollut parantaa sairasta, herättää kuollutta, tai ajaa pois pahoja henkiä, vaan muuttaa vesi viiniksi. Minusta on mielenkiintoista, että tämä ensimmäinen merkki, jonka Jeesus teki, todisti Isän antajan sydämestä! Jeesuksen tekemän ihmeen jälkeen viiniä oli vieläpä noin 450–690 litraa, paljon enemmän kuin tarpeeksi! Antaminen ei ole Jumalalle vastahakoista, Jumalan antaminen on radikaalia, se on ylitsevuotavaa, se ei laskelmoi, eikä optimoi. Hän antaa vuolaasti, koska sellainen hän on. "Jokainen hyvä anti ja jokainen täydellinen lahja tulee ylhäältä, valojen Isältä" (Jaakob 1:17).

Kun asiaa miettii, tämä on itseasiassa evankeliumin ydintä. Johanneksen evankeliumi 3:16 sanoo: "Sillä niin on Jumala maailmaa rakastanut, että hän *antoi* ainoan poikansa!" Meillä ei olisi evankeliumia, eikä mitään muutakaan ilman Jumalaa antajana.

Myös sairaat paranevat ja kuolleet heräävät, koska Jumala on antaja. Rakkauden luonne on antaa. Jumala valitsi antaa elämänsä meidän puolestamme, jotta me saisimme elämän hänessä. Jeesus sanoi, ettei kukaan ota hänen elämää, vaan hän itse antaa sen pois (Joh. 10:18).

## Suurin rakkaus

*"Suurempaa rakkautta ei voi osoittaa kukaan, kuin antaa oman elämänsä toisen edestä" (Joh. 15:13).*

Noin kolmen vuoden ajan Jeesus palveli ihmisiä julkisesti. Hän paransi jokaisen sairaan, joka hänen luokseen tuli, tuotiin, joka häneen koski tai jonka terveyttä joku anoi. Jeesus tuli lähelle halveksittuja ja osoitti kaikille heidän todellisen arvonsa. Jeesus kulki tinkimättömässä totuudessa, täydellisessä armossa ja rakkaudessa, joka peittää synnit. Hänen viestinsä Jumalasta Isänä ja hänestä itsestään Jumalan Poikana oli jumalanpilkkaa juutalaisille oppineille, ja tästä syystä hänet lopulta vangittiin.

Pääsiäisenä, kun Jeesus oli tuomittavana, oli Jerusalemissa tapana vapauttaa yksi vanki (Joh. 18:38–40). Sen aikainen Juudean maaherra, Pontius Pilatus kysyi juutalaisilta vapautetaanko Jeesus, sillä hän ei löytänyt Jeesuksesta yhtään syytä tuomioon. Juutalaiset huusivat mieluummin vapaaksi Barabbaksen, jonka kerrotaan olleen murhamies ja rosvo ja vaativat kuolemantuomion Jeesukselle. Jeesuksen elämä Barabbaksen puolesta. Tarina on vielä kuvaavampi, kun katsoo, mitä miehen nimi tarkoittaa. Nimi Bar-Abbas kreikaksi on johdettu alunperin arameasta, Bar-abbâ, mikä tarkoittaa isän poika. Jumalan Poika antoi elämänsä Isän pojan puolesta. Me olemme kaikki tässä samassa asemassa, lapsia, jotka Isä Jumala haluaa kotiin!

Jeesuksen kuolema ristillä on konkreettisin osoitus Jumalan rakkaudesta. Se huutaa Jumalan rakkautta meitä kohtaan kovalla äänellä! Risti todistaa meidän arvosta Jumalan silmissä (Jes. 53:10). Jumala on valmis maksamaan hintaa meidän puolesta – hän kärsii mieluummin itse, kuin antaa meidän kärsiä. Matteus 13:45–46 kertoo vertauskuvan kauppiaasta, joka myy kaiken, jotta voi ostaa kallisarvoisen helmen. Jumala on kuin tuo kauppias. Hän on jo maksanut hinnan, otettiin hänen lahja vastaan tai ei. Jumala laittoi kaiken likoon vuoksemme ja tyhjensi itsensä kokonaan meidän edestämme. Jeesus valitsi ristin edessä olevan ilon tähden, ja sinä olet tämä ilo (Hepr. 12:2)!

Jumalan rakkaus on niin suurta, että me saamme uppoutua siihen syvemmälle joka päivä elämämme loppuun asti. Rukoilen, "että hän (Jumala) Henkensä kautta, suuren kirkkautensa mukaisesti, antaisi teidän sisäisen ihmisenne vahvistua voimassa, niin että Kristus asuisi uskon kautta teidän sydämissänne. Rukoilen, että te, rakkauteen juurtuneina ja perustuneina, voisitte yhdessä kaikkien pyhien kanssa käsittää, mitä on leveys, pituus, korkeus ja syvyys, ja oppia tuntemaan Kristuksen rakkauden, joka on kaikkea tietoa ylempänä. Näin te tulette täyteen Jumalan kaikkea täyteyttä." (Efesolaiskirje 3:16–19). Jumalan rakkaudessa on kaikki. Sen ymmärtämisen ja vastaanottamisen kautta me tulemme täyteen kaikkea Jumalan täyteyttä! Mieti tätä hetki ja anna Pyhän Hengen avata lisää tätä syvää totuutta. Sinulla on lupa pyytää lisää ymmärrystä, sillä Jumala on luvannut antaa, ketään soimaamatta.

Cory Asbury:n kappaleen *"Jesus, Let Me See Your Eyes"* -sanat ovat sytyttäneet syvän rukouksen sisälläni. Alla on oma käännöksen sanoituksesta.

*Isä, syvin haluni*
*on nähdä Poikasi kauneus*
*Jeesus, tiedät, haluan olla lähelläsi,*
*sinun kanssasi siellä, missä sinä olet*

*Jeesus, anna minun nähdä sinun silmäsi,*
*anna minun tuntea syleilysi,*
*tuntea sinut ympärilläni*

*Kuten Mooses, huudan: "Näytä minulle kirkkautesi!"*
*Anna minun nähdä se, mitä hän kaipasi nähdä*
*ja kuten Maria, valitsen hyvän osan:*
*istun jalkojesi juurella,*
*vain istun jalkojesi juurella*

*Jeesus, anna minun nähdä sinun silmäsi,*
*anna minun tuntea syleilysi,*
*tuntea sinut ympärilläni*

*Minut on luotu, minut on luotu*
*minut on luotu, minut on luotu,*
*minut on luotu, minut on luotu*
*rakkautta varten*

# Luku 3:
# Hyvä Isä

*"Sinun majesteettisen kunniasi kirkkautta, sinun ihmeellisiä tekojasi minä tahdon mietiskellä. . . . Sinun suuren hyvyytesi maine tulee julki, ja sinun vanhurskaudestasi riemuitaan." (Psalmit 145:5, 7.)*

## Ikuisesti hyvä

Jumala, joka on rakkaus, on myös hyvä. Hän todella on! Kun Jumalaa sanotaan hyväksi, se ei jää vajaaksi, niinkuin kouluarvosana "hyvä", jota seuraa vielä kiitettävä. Jumalan hyvyys on täydellistä eikä siitä puutu mitään. Jumalan hyvyys on pysyvää ja ikuista, ja Jumalan rakkauden tavoin, se ei riipu kenestäkään muusta. Hän on hyvä, koska se on hänen luonteenpiirteensä ja hän on aina uskollinen luonteelleen. Jumalalla ei ole hyviä ja huonoja päiviä, joiden mukaan hänen luonteensa muuttuisi, Jumala ei ailahtele. Psalmi 106:1 lupaa, että hän on hyvä ja hänen armonsa pysyy ikuisesti. Vaikka me olisimme uskottomia, hän pysyy silti uskollisena, sillä hän ei voi kieltää itseään (2. Timoteuksen kirje 2:13). Hän on aina ja 100% sitä, mitä hän on ilmoittanut olevansa. Meidän voi jopa olla vaikea käsittää, että joku on aina ollut, ja tulee aina olemaan sama. Malakian kirjassa (3:6) Jumala kuitenkin vakuuttaa meille: "Minä, Herra, en muutu."

## Jumala hyvyys ei katso ihmiseen

Kaunis kuva Jumalan hyvyydestä kaikkia kohtaan on tallennettuna Johanneksen evankeliumin lukuun kaksikymmentä. Ensin kerrotaan naisesta nimeltä Maria. Kolmen päivän kuluttua siitä, kun Jeesus oli kuollut, Maria meni Jeesuksen haudalle, mutta Jeesus ei enää ollut siellä. Johanneksen evankeliumin mukaan muitakin opetuslapsia tuli haudalle ihmettelemään mitä oli tapahtunut, miksi Jeesus ei ollut haudassa. He kuitenkin lähtivät, mutta Maria jäi hautakammion ulkopuolelle ja itki. Emme tietenkään voi tietää, mitä Marian sydämessä tapahtui ja mikä hänen syynsä jäädä oli, mutta jaan sen, mitä Jumala puhui minulle tämän kautta. Kuvittelen Marian kaivanneen Jeesusta, ja hän jäi sille paikalle, missä Jeesus oli viimeksi ollut. Hän ei liikkunut siitä minnekään, koska ei tiennyt, minne Jeesus oli viety. Hän vain halusi olla lähellä Jeesusta!

Se, mitä seuraavaksi tapahtui, on ihmeellistä! Jeesus ilmestyi Marialle, ja kysyi miksi hän itki. Ketä hän etsi? Aluksi Maria ei tunnistanut Jeesusta, vaan luuli tätä puutarhuriksi. Mutta Jeesuksen kutsuttua Mariaa nimeltä, hän samassa tunnisti Herran. Maria tunsi, miten Jeesus hänelle puhui, koska hän oli viettänyt tämän kanssa aikaa. Maria on todennäköisesti sama Maria, jonka kerrotaan vuodattaneen kalliin öljyn Jeesuksen jaloille, rakkauden osoituksena (Johannes 12:1–3). Maria oli priorisoinut Jeesuksen läsnäolon monta kertaa. Jeesus vastasi Marian sydämen nälkään ja kohtasi hänet henkilökohtaisella tavalla tämän odotuksen jälkeen.

Johanneksen evankeliumin kahdeskymmenes luku kertoo myös toisen kohtaamisen Jeesuksen ja hänen opetuslapsensa välillä. Tässä vaiheessa ylösnoussut Jeesus oli ilmestynyt suurimmalle osalle opetuslapsistaan, mutta yksi, Tuomas, ei ollut ollut paikalla. Kun Tuomas kuuli, että ylösnoussut Jeesus oli ilmestynyt heidän keskellään, hän sanoi, että ellei hän laita sormeaan naulanjälkiin ja kättään Jeesuksen kylkeen, hän ei usko. Ja mitä seuraavaksi tapahtui? Jeesus kohtasi opetuslapsensa uudelleen ja pyysi itse, että Tuomas ojentaisi sormensa naulanjälkiin ja pistäisi kätensä kylkeen. (Joh. 20:24–27.) Vaikka Tuomas oli ollut epäuskoinen, Jeesus tuli ja kohtasi hänet, koska Jeesus on hyvä!

Jumala on niin paljon enemmän kuin mitä me osaamme edes ajatella. Tuomaksen pienikin nälkä nähdä Jeesus riitti. Jos Tuomas ei olisi halunnut Jeesusta, tuskin hän olisi halunnut pistää sormensa naulanjälkiin. Hänen oli vaikea uskoa, mutta hän sai kohdata Jeesuksen. Jeesus sanoi silti, että siunattuja ovat he, jotka uskovat häneen, vaikka eivät näe. Nämä kaksi kohtaamista kertovat kauniilla tavalla Jeesuksesta, ja siitä miten hän kohtaa meidät siinä, missä olemme. Hän ei odota, että olisimme valmiimpia, hän tulee, kun vain tahdomme hänet. Psalmin 145:9 mukaan hän on hyvä kaikkia kohtaan, ei vain heitä, jotka meidän silmissämme jollain tavalla ansaitsevat sen.

## Jumalan hyvyys loukkaa

Jumala on niin hyvä, että se jopa loukkaa meitä. Jeesus esitti opetuslapsilleen seuraavan vertauksen. "Taivasten valtakunta on kuin talonisäntä, joka lähti aikaisin aamulla palkkaamaan työmiehiä viinitarhaansa. Kun hän oli sopinut työmiesten kanssa yhden denaarin päiväpalkasta, hän lähetti heidät viinitarhaansa." (Matteus 20:1–2.) Pitkin päivää talonisäntä palkkasi lisää joutilaita miehiä töihin viinitarhaansa. "Ja kun hän lähti ulos yhdennentoista tunnin vaiheilla, hän tapasi vielä joitakin miehiä seisoskelemassa. Hän kysyi heiltä: 'Miksi seisotte täällä kaiken päivää joutilaina?' He vastasivat hänelle: 'Koska kukaan ei ole meitä palkannut.' Hän sanoi heille: 'Menkää tekin minun viinitarhaani.'" (Matt. 20:6–7.)

Illan tultua viinitarhan isäntä sitten kutsui työmiehet maksaakseen heille palkan, alkaen viimeiseksi tulleista työmiehistä, aina ensimmäiseksi tulleisiin asti. "Ne, jotka oli palkattu yhdennentoista tunnin tienoilla, tulivat ja saivat kukin denaarin. Kun sitten ensimmäiset tulivat, he luulivat saavansa enemmän, mutta myös he saivat kukin denaarin. Sen saatuaan he nurisivat talonisäntää vastaan ja sanoivat: 'Nämä viimeisinä tulleet ovat tehneet työtä vain yhden tunnin. Kuitenkin sinä teet heidät samanvertaisiksi meidän kanssamme, jotka olemme kantaneet päivän kuorman ja helteen.' Mutta isäntä sanoi yhdelle heistä: 'Ystäväni, en minä tee sinulle vääryyttä. Etkö sopinut kanssani yhdestä denaarista? Ota omasi ja mene. Mutta minä tahdon antaa tälle viimeiselle saman verran kuin sinullekin. Enkö saa tehdä omallani, mitä tahdon? Vai katsotko pahalla silmällä sitä, että minä olen hyvä?'" (Matt. 20:9–15.)

Jumalan hyvyys loukkaa meidän käsitystämme oikeudesta. Jeesus kuitenkin sanoo, että siunattuja ovat he, jotka eivät häneen loukkaannu (Matt. 11:6). Loukkaantunut sydän ei maista Jumalan hyvyyttä, sillä sekin maistuu katkeralta. "Kylläinen halveksii hunajaakin, nälkäiselle karvaskin on makeaa (Sananlaskut 27:7)." Jumalan ihmeellistä hyvyyttä ei kukaan voi ansaita, sitä voi vain opetella vastaanottamaan.

## Entä, jos totuus hyvästä Jumalasta haastaa?

Voi olla, että totuus täydellisen hyvästä Jumalasta taistelee kokemuksiasi vastaan. Ajatus kaikkivaltiaasta Jumalasta, joka on hyvä ei välttämättä resonoi, kun katsot omaa elämääsi, muiden ihmisten elämää ympärilläsi, luet uutisia tai tutkit historiaa. Näemme paljon kipua, vääryyttä, pimeyttä ja kuolemaa. Koemme paljon asioita, mitkä satuttavat. Mietit ehkä miten Jumala voi olla hyvä, kun maailmassa on pahuutta.

Jumalassa ei ole *mitään* pimeyttä (1. Joh. 1:5). Koska Jumala on hyvä, hän ei ole se, mistä mikään kuolema, sairaus tai vääryys syntyy. Nämä tulevat ihan eri lähteestä! Muistat varmaan langenneen enkelin, saatanan, joka nyt vihan vallassa sotii Jumalan lapsia vastaan. Tästä puhutaan ensimmäisessä luvussa, voit palata lukemaan sen, jos haluat. On mahdollista syyttää Jumalaa siitä, mitä itseasiassa meidän vihollinen tekee. Saatana mielellään kätkeytyykin, ja hänen taktiikkansa on uskotella, että häntä ei edes ole olemassa, että kaikki hänen aikaansaannokset ovat itse Jumalan tekosia tai että Jumala vähintäänkin on välinpitämätön tai voimaton auttamaan. Mutta Jumala antoi ainoan Poikansa, ettei *yksikään*, joka häneen uskoo, joutuisi kadotukseen, vaan saisi ikuisen elämän (Joh. 3:16). Jumala on luoja, ja hän on aina elämän puolella. Kuolema ja tuho ei tuota Jumalalle minkäänlaista iloa (1. Korinttilaiskirje 13:6). Ei ikinä.

## Hyvä kaikkivaltias?

Miten saatana pystyy tekemään yhtään mitään, jos Jumala on kaikkivaltias? Olet ehkä kuullut puhuttavan Jumalan kaikkivaltiudesta niin, että kaikki, mitä tapahtuu on hänen hyvä tahtonsa. Asia ei todellakaan ole näin. Maailmassa tapahtuu valtavasti asioita, jotka murtavat Jumalan sydämen! Palataanpa takaisin puutarhaan ja siihen, miksi paratiisissa oli hyvän- ja pahantiedon puu. Jumala loi maailman ja ihmisen, ja antoi ihmiselle vallan hallita maan päällä. Jumala loi meille oman tahdon, ja antoi vapauden toteuttaa sitä, koska Jumala on täydellisen hyvä ja täydellinen rakkaus. Rakkaus ei ole rakkautta, jos siitä puuttuu valinta. Jumalan oli tarjottava ihmiselle mahdollisuus valita hänet tai ei, ja hyvän- ja pahantiedon puu edusti tätä valintaa.

Jumala loi ihmisen, jolla on voima valita, ja jonka valinnat ovat voimallisia. Valitessaan syödä puusta, josta Jumala oli kieltänyt syömästä, ihminen toimi tietoisesti Jumalaa vastaan, hän kapinoi Jumalaa kohtaan. Tämän kapinan seurauksena ihminen menetti sen aseman, jonka Jumala oli hänelle antanut, oikeuden hallita maan päällä. Meidän oli tarkoitus hallita täydellisessä yhteydessä Jumalaan ja Jumalan kanssa. Se, että tiedämme hyvän ja pahan ei ollut Jumalan hyvä suunnitelma meille. Meidän ei koskaan kuulunut toimia tuomarina näiden välillä, varsinkaan erossa Jumalasta. Olet ehkä huomannut, että me emme edes ole siinä kovin hyviä! Mieti mikä tahansa eettinen pulma ja mieli on jo solmussa.

Kuunnellessaan käärmettä puutarhassa, ja toimiessaan käärmeen sanojen mukaan, ihminen itseasiassa antoi auktoriteettinsa saatanalle. Sen sijaan, että ihminen olisi toiminut suhteessa Jumalaan, joka on elämä, hän toimikin suhteessa saatanaan, elämän viholliseen. Toiminnan seuraukset olivat tämän mukaisia. Saatana on yhä valehtelija, ja syöttää valheita ihmisten mieliin minkä ehtii. Aivan kuten alussa, edelleenkin ihmisen kuunnellessa häntä, seuraukset ovat tuhoisat, sillä saatana on tullut vain varastamaan, tuhoamaan ja tappamaan (Joh. 10:10). Paljon siitä kivusta, mitä koemme, on seurausta jonkun toisen ihmisen tekemästä tai itse tekemästämme huonosta valinnasta. "Ihmisen oma typeryys turmelee hänen tiensä, mutta Herralle hän sydämessään vihoittelee" (Sananl. 19:3). Jumala ei peruuta antamaansa valinnanvapautta, vaikka sen seuraukset satuttavat häntäkin.

Hyvä uutinen on, että ristinkuoleman jälkeen Jeesus otti myös Adamin menettäneen auktoriteetin takaisin saatanalta (Joh. 12:31–33). Tämä on yksi syy siihen, miksi Jeesus tuli maan päälle ihmisenä. Ihminen antoi auktoriteetin saatanalle ja Jumalalle täydellisen kuuliaisen ihmisen täytyi ottaa se takaisin. Ja nyt Jeesus on antanut myös opetuslapsilleen oman voimansa ja valtansa karkottaa kaikki riivaajat ja parantaa kaikki taudit (Luukas 9:1). Meillä on hänen valtansa tallata kaikkea vihollisen voimaa, eikä mikään vahingoita meitä (Luuk. 10:18–19). Jeesuksen omien on mahdollista elää auktoriteetissa yli saatanan! Meidän tehtävä on sitoa vihollinen tässä ajassa. Jeesus voitti saatanan, mutta meidän tulee elää tätä voittoa todeksi siinä, miten ajattelemme, puhumme, toimimme ja rukoilemme.

"Älkää kuitenkaan siitä iloitko, että henget ovat teille alamaisia, vaan iloitkaa siitä, että teidän nimenne ovat kirjoitettuina taivaissa" (Luuk. 10:20). Suurin ilomme ei ole auktoriteetti yli saatanan, vaan se, että suhteemme Jumalaan on asetettu ennalleen!

Myös fokuksemme tulee olla Jumalassa ja kaikessa, mitä hän te-
kee ja puhuu. Me emme voi olla tietämättömiä saatanan keinois-
ta, mutta meidän ei kuulu keskittyä siihen, mitä hän puuhaa.
Meidän huomiomme kuuluu Jeesukselle. Seuraavissa luvuissa up-
poudutaan enemmän siihen, mitä elämä suhteessa Jumalan kans-
sa tarkoittaa käytännössä.

## Missä on Jumalan hyvyys kivun keskellä?

Jumalan suunnitelmat meille ovat hyviä, hän on se, joka antaa
tulevaisuuden ja toivon (Jeremia 29:11). Silloin, kun emme koe
pelkästään hyvää, voimme nojata siihen, että yksi Jumalan Hen-
gen nimistä on Lohduttaja ja hän on erityisen lähellä heitä, joilla
on murtunut sydän (Ps. 34:19). On tärkeää kutsua Jumala ki-
pumme keskelle ja antaa hänelle lupa tulla niihinkin sydämemme
kohtiin, joihin sattui.

Vaikeiden olosuhteiden keskellä me saamme kokea Jumalan
sydämestä jotain uutta. Olosuhteet eivät määritä Jumalaa, vaan
Jumala määrittää olosuhteet. Tarkemmin, se, mitä me Jumalasta
uskomme, määrittää sen, miten olosuhteet koemme. "Sinun hy-
vyytesi ja rakkautesi ympäröi minut kaikkina elämäni päivinä"
(Ps. 23:6). Meille ei luvata, että elämässämme on pelkästään hy-
vyyttä ja rakkautta, päinvastoin. Kuitenkin, mitä tahansa koh-

taamme, Jumalan hyvyys ja rakkaus ovat läsnä ja meidän saatavilla, se on varma!

Kun odotuksemme kohdistuu Jumalaan, meidän toivomme ei ikinä ole turha. Kirje roomalaisille 5:2–5 sanoo: "Hänen kauttaan me olemme päässeet uskossa tähän armoon, jossa nyt olemme, ja me kerskaamme Jumalan kirkkauden toivosta. Emmekä ainoastaan siitä, vaan me kerskaamme myös ahdistuksista, tietäen, että ahdistus saa aikaan kärsivällisyyttä, kärsivällisyys koetuksen kestämistä ja koetuksen kestäminen toivoa. Mutta toivo ei tuota pettymystä, sillä Jumalan rakkaus on vuodatettu meidän sydämiimme Pyhän Hengen kautta, joka on meille annettu."

Raamattu lupaa, että Jumala kääntää kaiken parhaaksi heille, jotka rakastavat häntä ja jotka hän on kutsunut. Hän ottaa sen, mikä on väärin ja käyttää jopa sitä. Hän ei nimittäin tuhlaa, eikä hukkaa mitään. Hän esimerkiksi osoittaa meille hänen rakkautensa, muovaa meistä hänen kaltaisiaan, näyttää hänen voimansa vääryydenkin keskellä ja rohkaisee meidän kauttamme lukuisia muita, jotka ovat kivun keskellä. 1. Johanneksen kirje 1:9 lupaa, että jos me tunnustamme syntimme, niin Jumala, joka on uskollinen ja vanhurskas, antaa meille synnit anteeksi ja puhdistaa meidät *kaikesta* vääryydestä. Hän puhdistaa meidät ihan kaikesta, siitä, mitä me olemme tehneet väärin *ja* kaikesta siitä, mitä meitä kohtaan on tehty väärin.

Jos tämän tunnistaminen tuntuu haastavalta, pyydä, että Pyhä Henki kirkastaa Jumalan hyvyyttä ja rakkautta sinua kohtaan.

Hän katsoo sinua täynnä toivoa! Pyydä, että Jeesus näyttää missä hän on ollut silloin, kun sinua on sattunut, tai kun sinua kohtaan on tehty väärin. Mitä hän silloin teki ja miten hän katsoi sinua? Mitä hän puhuu sinulle nyt? Jos et ole koskaan tehnyt tällaista, voit vilkaista jo lukua kuusi, jossa avataan enemmän Jumalan ääntä, miltä se kuulostaa ja miten häntä voi kuunnella.

## Hyvä Isä

Kuten edellisessä kappaleessa jaoin, Jumala käyttää kipua meidän elämissämme, mutta se ei tarkoita, että hän suunnitteli sen. Osuva esimerkki tästä on sairaus, mikä saa pysähtymään, kun on todella tarvinnut lepoa. On mahdollista ajatella, että Jumala lähetti tämän sairauden, koska sen kautta oppi jotain hyvää. Saikulla saa usein pysähdyttyä tai nukuttua, mutta Jumala haluaa opettaa todellisesta, syvemmästä levosta, mikä ei ole vain kalenterin tyhjenemistä, vaan kestävämpää lepoa meidän sielulle ja keholle, ja hän voi tehdä sen ilman sairautta. Meidän ei ikinä kuulu ottaa sairautta tai onnettomuutta vastaan Jumalan siunauksena eikä liioin Jumalan rangaistuksena. Ne yksinkertaisesti eivät tule häneltä.

Kuulin Andrew Wommackilta hyvän esimerkin, mikä auttaa minua sanoittamaan sitä, millaisena olen itsekin Jumalan tuntenut. Kuvittele vanhempi, joka haluaa opettaa lapselle, että hella on kuuma, eikä siihen ei saa koskea. Hyvä vanhempi kertoo lapselle miten toimia, mutta ei ikinä demonstroi vaaraa ottamalla lapsen käden ja laittamalla sen levylle, jotta lapsi varmasti oppii. Samalla tavalla Jumala haluaa kyllä opettaa meitä ja hän myös ojentaa lapsiaan, mutta hän ei ikinä lyö meitä sairaudella, jotta oppisimme. Jumala osoitti jo tahtonsa meitä kohtaan ristillä, missä Jeesus kantoi kaikki sairaudet meidän puolestamme. Olisi järjetöntä Jumalalta sekä kärsiä meidän puolesta, että antaa meille sama taakka uudelleen kannettavaksi. Jumalan luonne ei ole ristiriidassa hänen toimintansa kanssa, hän toimii luonteensa mukaisella tavalla, aina. Hän on hyvä Isä.

## Isä alusta asti

Jo ennen kuin Jumala loi maailman, ennen kuin hän oli Luoja, hän oli Isä. Jumala on ollut Isä hyvin pitkään! Hän on täydellinen Isä, mistä kaikki isyys maan päällä saa alkunsa (Efesolaiskirje 3:15). Me herkästi heijastamme kokemuksemme omista vanhemmista Jumalaan. Kellään meistä ei ole ollut täydellisiä vanhempia ja me kaikki tarvitsemme sitä, että Jumala paljastaa meille hänen täydellisen Isän sydämen. Nimittäin se, miten vanhempamme ovat käyttäytyneet ei ole suurempaa, kuin Jumalan isyys meitä kohtaan. Määrittäköön meidät Jumalan täydellinen isyys!

Luukkaan evankeliumin luvusta 15 jakeesta 11 eteenpäin alkaa Jeesuksen esittämä vertauskuva Jumalan ihmeellisestä, meidän ymmärryksen ylittävästä isyydestä. Tarinassa on isä, jolla on kaksi poikaa. Nuorempi heistä pyytää isältään oman osuutensa perinnöstä. Kuten tiedät, perintöä ei kuulu saada vanhemman vielä eläessä, ja pojan pyytäessä osaansa hän itseasiassa viestii, että isä on hänelle yhtä kuin kuollut. Poika käyttäytyy äärimmäisen epäkunnioittavasti. Isä kuitenkin antaa pojalle, mitä tämä pyytää ja poika pakkaa kamat kasaan ja ottaa jalat alleen. Hän matkustaa kauas pois, ja törsää kaiken. Jonkin ajan päästä poika alkaa kärsiä puutetta. Epätoivoissaan hän on valmis syömään jopa sikojen ruokaa, mutta sitäkään ei hänelle anneta. Silloin hän muistaa, että hänen isänsä palvelijoillakin on asiat paremmin, ja katuu käytöstään. Poika nöyrtyy ja suuntaa kohti kotia, toivoen pääsevänsä isänsä palkalliseksi. Hän miettii anelevan puheenvuoron valmiiksi ja harjoittelee sitä mielessään matkaa tehdessään.

Toisaalla tarinan isä on pitänyt silmällä horisonttia jo pitkään. Hän on odottanut poikansa paluuta. Nähdessään poikansa pienen hahmon kaukaisuudessa, isä juoksee tätä vastaan ensimmäisenä. Pojan päätös pyytää perintö oli kivittämisellä rangaistava teko. Siispä isä ryntää pelastamaan poikansa, ennen kuin yksikään syyttäjä, kivi valmiina kourassa, ehtii paikalle. Jotta sen ajan pitkähelmaisissa vaatteissa pystyi juoksemaan, voit kuvitella, että helmat oli nostettava ylös. Kukaan arvostettu mies ei ikinä paljastanut jalkojaan, sillä sitä pidettiin häpeällisenä. Mutta omasta häpeästään välittämättä isä kuitenkin tarttuu kankaisiin, riuhtaisee ne kohti taivasta, ja katse kiinnittyneenä poikaan, juoksee tätä vastaan minkä jaloistaan pääsee. Isä kaappaa pojan hurjaan, ikävöityyn syleilyyn. Isä on jo antanut anteeksi ja juhlii pojan paluuta kunnon pidoilla. Hän ei ota poikaa palkalliseksi, vaan palauttaa pojalle tämän perillisen aseman, niinkuin tämä ei olisi ikinä lähtenytkään. Miksi isä käyttäytyy näin? Rakkauden tähden. Jumala rakastaa meitä tällä tavalla!

## Täydellinen isä, täydellinen äiti

Olet ehkä joskus saanut seurata vierestä vanhempaa, joka rakastaa pientä lastaan. Voit nähdä hellät silmät, jakamattoman huomion, ylpeän hymyn, kädet valmiina auttamaan, sylin avoinna. Voit nähdä hauskanpitoa, leikkejä, naurua, lahjoja, lohdutusta, terveitä rajoja. Meistä kukaan ei ole täydellinen vanhempi, mutta mekin pystymme osoittamaan hyvyyttä. "Jos siis te, jotka olette pahoja, osaatte antaa lapsillenne hyviä lahjoja, kuinka paljon ennemmin teidän taivaallinen Isänne antaa hyvää niille, jotka sitä häneltä anovat" (Matt. 7:11). Jumala on täydellinen Isä, ja hän on sitä aina ja koko ajan. Maailman paraskin vanhempi on vain varjo Jumalasta, mutta hyvät kokemukset isistä ja äideistä auttavat meitä ymmärtämään Jumalan vanhemmuutta.

Jumalan rakkaus ja hyvyys kertovat myös hänen isyydestään. Hän on isä, jonka sydän on aina kääntynyt lapsia kohti. Hän ei nuku, ei pidä taukoja, eikä ole hetkeä, jona hänellä ei olisi aikaa meille. Toisin sanoen hän on aina läsnä ja haluaa vuodattaa läsnäolonsa meidän elämiimme. Jumala on sitoutunut meihin kaikella, mitä hänessä on ja hän on aina uskollinen. Jumalan isällinen sitoutuminen meihin näkyy myös siinä, että hän korjaa meitä, kun menemme vinoon. Hän opastaa ja näyttää tietä, mutta hän ei ole ankara isä, joka rankaisee. Hän antaa meille aina kaiken, mitä tarvitsemme, mutta ei kaikkea, mitä haluamme. Se on turvallista isyyttä! Ajattele millaista vanhemmuutta se olisi, jos vanhempi antaisi heti, aina ja kaiken, mitä taapero tahtoo. Jumala katsoo elämämme kokonaiskuvaa ja esimerkiksi antaa siinä määrin vastuuta, näkyvyyttä tai rahaa, kuin luonteemme kestää.

Haluan vielä nostaa esiin sen, että vaikka Jumalaa kutsutaan isäksi, hän ei ole mies, eikä myöskään nainen. Uskon, että hänessä on sekä maskuliininen että feminiininen puoli, sillä mies ja nainen yhdessä ovat Jumalan kuva. Siispä Jumalan vanhemmuus sisältää myös äitiyden, mistä ehkä vähemmän puhutaan. Jumala myös hoitaa ja ravitsee meitä hellän äidin tavoin. "Jerusalem, Jerusalem! - - Kuinka usein olenkaan halunnut koota yhteen sinun lapsesi, niin kuin kanaemo kokoaa poikasensa siipiensä suojaan" (Matt. 23:37) Jumala vertaa itseään kanaemoon, joka peittää poikasensa siivillään. Jumalan syli on turvallinen ja läheinen. Turvallisin paikka maan päällä on lähellä Jumalaa.

**Sovellus omaan elämääsi:**

Minkälaisia ajatuksia sinulle nousee, kun Jumalaa sanotaan Isäksi? Pyydä, että Jumala näyttää sinulle ne kohdat, joissa et ole ymmärtänyt hänen isyyttään sellaisena, kuin se todella on.

Mieti tilanne lapsuudestasi, jossa teit jotain väärin, tai sinulle ainakin viestittiin, että teit väärin. Miten täydellinen Isä katsoo lasta ja puhuu lapselle, täynnä myötätuntoa, peittävää rakkautta ja rohkaisua?

Jos ja kun tunnistat kipua liittyen vanhempiisi tai omaan vanhemmuuteesi, pyydä Jumala kivun keskelle. Jumala haluaa kääntää kaiken parhaaksi hänen lapsilleen, jokaisen vaikeimmankin kokemuksen tai tilanteen, hän kääntää meille ihmeellisellä tavalla voitoksi.

# Luku 4:
# Identiteetti Jeesuksessa

*"Hän on meidät pelastanut ja kutsunut pyhällä kutsulla, ei meidän tekojemme vaan oman suunnitelmansa ja armonsa mukaan, jonka hän antoi meille Kristuksessa Jeesuksessa ennen ikuisia aikoja"* (2. Timoteuksen kirje 1:9).

## Ohiammuttu nuoli

Hyvä Jumala loi ihmisen omasta täyteydestään, täydelliseen yhteyteen hänen kanssaan. Ihminen kuitenkin rikkoi tämän yhteyden valitsemalla kapinan Jumalaa vastaan. Jumalan rakkaus, mikä peittää kaiken, antoi itsensä meidän puolestamme, ja teki kaiken uudeksi. Mitä tämä tarkoittaa? Ristillä Jeesus kantoi ihan kaiken, mikä erotti meidät Jumalasta, kaiken synnin ja kuoleman. "Hän kumosi meitä rasittavan velkakirjan kaikkine määräyksineen ja teki sen mitättömäksi naulitsemalla sen ristiin" (Kolossalaiskirje 2:14). Hän kantoi puolestamme myös sairauden ja häpeän, kaiken, mikä jää vajaaksi Jumalan täyteydestä. Kolossalaiskirjeen sanoin Jumala teki synnin täysin *mitättömäksi*, niinkuin sitä ei olisi ikinä ollutkaan.

Sana, jota Raamatussa käytetään synnille, *hamartia*, tarkoittaa kreikaksi ohiampumista. Kuvittele käteesi jousipyssy ja eteesi maalitaulu. Jännität jousen, tähtäät parhaasi mukaan ja annat nuolen kiitää läpi ilman. Sen sijaan, että ammut nuolen napakymppiin, ammut hiukan, tai ihan kunnolla ohi. Sillä, kuinka kauas nuoli maalitaulusta jää, ei ole väliä, koska ohi on ohi. Samoin synti jää aina vajaaksi Jumalan täyteydestä, johon meidät alun perin luotiin. Kukaan meistä ei itse osu napakymppiin, vaikka meidän elämä olisi omissa silmissämme puhdasta (Sananlaskut 16:2). On petollista nojata omiin ajatuksiinsa siitä, mikä on oikein. "Miehen mielestä tie voi olla oikea, vaikka se lopulta on kuoleman tie" (Sananl. 16:25).

Me olemme kaikki tehneet syntiä (Roomalaiskirje 3:23), ja sen tunnustaminen on edellytys pelastukselle, muuten emme usko tarvitsevamme Pelastajaa. Jeesuksen nimessä synnit on pyyhitty pois! Usko on avain tähän todellisuuteen. Jeesuksen vuoksi me kelpaamme, emmekä vain kelpaa, vaan me olemme Jumalalle mieleen! Hänessä me tulemme täysin puhtaiksi, sillä Jumala on siirtänyt synnit meistä pois, niin kauas kuin itä on lännestä (Psalmit 103:12) ja valinnut, ettei enää edes muista niitä (Jesaja 43:25).

# Täysin uudeksi tehty

Kun uskomme Jeesuksen työhön meidän puolestamme ristillä, ja otamme hänet vastaan elämämme Herrana, meistä syntyy täysin uusia. Raamattu sanoo kirkkaasti, että kun joku on Kristuksessa, hän on uusi luomus: Vanha on kadonnut ja uusi on tullut tilalle (2. Korinttilaiskirje 5:17). Me emme itseasiassa voi edes nähdä Jumalan valtakuntaa, ilman, että synnymme uudesti. Jos tämä saa kulmasi kurtistumaan ihmetyksestä, niin on kannustavaa tietää, että myös Raamatusta löytyy mies, Nikodemus, joka kysyy Jeesukselta miten ihminen voi syntyä uudestaan. "Miten joku voisi mennä takaisin äitinsä kohtuun ja syntyä toisen kerran?" (Johannes 3:4.) Jeesus vastaa, että kyseessä ei ole fyysinen syntymä, lihasta ja verestä, vaan syntyminen hengestä.

Ihminen on keho, sielu ja henki. Ajattelen sen niin, että meidän keho ja sielu syntyi, kun äitimme tuli raskaaksi, mutta meidän henkemme herää eloon, kun Jumalan henki syntyy meihin, sillä hetkellä, kun uskomme häneen. Kaikki elämä syntyy hänestä ja hän myös ylläpitää kaikkea elämää (Joh. 1:3, Heprealaiskirje 1:3). Niinpä uskon, että erossa Jeesuksesta me olimme hengessämme kuolleita. Kolossalaiskirje 2:13 sanoo asian näin: "Te olitte kuolleita rikkomustenne - - vuoksi, mutta Jumala teki teidät eläviksi yhdessä Kristuksen kanssa." Jumala siis herätti meidän henkemme eloon, ja samalla hetkellä lunasti meidän kehomme ja sielumme, joissa kuolema myös vaikutti. Henkemme on täysin yhtä Jumalan hengen kanssa ja uskon kautta hengen uusi elämä voi vaikuttaa myös sieluumme (ajatukset, tahto, tunteet) ja kehoomme.

Roomalaiskirje avaa kauniilla tavalla sitä, miten jo paratiisissa kuolema sai luvan hallita, mutta nyt Jeesus on tuonut elämän. "Jos siis yhden ihmisen (Aadamin) rikkomuksen tähden kuolema on hallinnut yhden kautta, niin paljon ennemmin ne, jotka saavat armon ja vanhurskauden runsaan lahjan, tulevat hallitsemaan elämässä yhden, Jeesuksen Kristuksen, kautta. Niin kuin siis yhden ihmisen (Aadamin) rikkomus on koitunut kaikille ihmisille kadotustuomioksi, niin myös yhden ihmisen (Jeesuksen) vanhurskas teko koituu kaikille ihmisille elämän vanhurskauttamiseksi. Niin kuin yhden ihmisen (Aadamin) tottelemattomuuden vuoksi monet ovat tulleet syntisiksi, niin myös yhden ihmisen (Jeesuksen) kuuliaisuuden ansiosta monet tulevat vanhurskaiksi." (Room. 5:17–19.)

## Uudelleen asetettu standardi

Mieti kanssani hetki, millaista elämää Jeesus eli maan päällä. Hän rakasti jokaista ihmistä ympärillään täysin epäitsekkäästi. Hän oli myös täynnä totuutta, eikä pelännyt puhua sen mukaan. Jeesus ei ollut tippaakaan ihmisten mielistelijä, mutta hän oli täynnä myötätuntoa ja paransi jokaisen sairaan, joka hänen luokseen tuli. Hän oli jatkuvassa yhteydessä Jumalaan ja teki vain sitä, mitä näki Isän tekevän. Hän ei tehnyt yhtään virhettä, ei lainkaan syntiä. Hän eli täydellisen pyhää elämää. Se, mitä ensimmäinen Johanneksen kirje sanoo meistä, räjäyttää ainakin minun tajuntani. "Sen, joka sanoo pysyvänsä hänessä (Jeesuksessa), tulee myös elää samalla tavoin kuin hän eli" (1. Joh. 2:6). Huh huh, tuntuuko aikamoiselta mahdottomuudelta? Hyvä uutinen on, että Jeesus on jo tehnyt mahdolliseksi sen, mikä on ihmiselle mahdotonta.

Kun meidät liitetään Jeesukseen, me myös elämme hänessä. Totuus on, että meidän hengestämme tulee täysin yhtä hänen henkensä kanssa. Meidän henkeämme ei pysty erottamaan Jumalasta. Me olemme Jeesuksessa, niin kuin hän on Isässä (Joh. 17:22–23). Nimittäin Jeesuksessa Jumala teki yhdeksi kaiken, mitä on taivaissa ja maan päällä (Efesolaiskirje 1:10). Jumalan tahto meitä kohtaan on aina ollut erottamaton, intiimi yhteys hänen kanssaan. Niinkuin aikojen alussa oli. "Jo ennen maailman perustamista hän valitsi meidät Kristuksessa olemaan pyhiä ja nuhteettomia hänen edessään" (Ef. 1:4). Me emme mitenkään voisi olla yhtä pyhän Jumalan kanssa ilman, että meistä tulee täysin pyhiä myös. Jumalassa ei ole pimeyden häivääkään. Hän ei vähennä pyhyyttään kohdatakseen meitä, vaan hän nostaa meidät ylös hänen standardiinsa. Jumala pyhittää kokonaan jokaisen, joka uskoo häneen. Hän erottaa meidät jälleen itselleen, tehden meistä läpikotaisin, täydellisen puhtaita (Joh. 15:3).

Pyhitys tarkoittaa sitä, että meidän syntinen luontomme, se ihmisen luonto, joka oli erossa Jumalasta, kuolee. "Mehän tiedämme, että vanha ihmisemme on hänen kanssaan ristiinnaulittu, jotta synnin ruumis nujerrettaisiin, niin ettemme enää palvelisi syntiä. Joka on kuollut, on vapautunut synnistä." (Room. 6:6–7.) Me emme siis enää elä itse, vaan Kristus elää meissä (Galatalaiskirje 2:20)! Mikään tapa elää, toimia tai ajatella erossa Jeesuksesta, ei enää ole luonnollista meille, sillä meillä on uusi luonto.

Sen voi ajatella esimerkiksi niin, että meidän DNA:mme muuttuu. Meistä tulee Kristuksen perillisiä, ja meidän DNA:mme on nyt suoraan Jumalalta. Uudestisyntyneelle ihmiselle on itseasiassa *luonnollista* elää kuten hän! Meistä tulee niin täydellisesti uusia, niinkuin emme ikinä olisi edes tehneet syntiä. Meidän ei tarvitse elää riippuvaisina kenenkään synnin vaikutuksista, vaan saamme elää niinkuin ihminen ei olisi ikinä syönyt hyvän- ja pahantiedon puusta. Jeesus ampui nuolen napakymppiin meidän puolestamme ja me saamme elää hänen voitostaan käsin.

Hänet ristiinnaulittiin, jotta meillä olisi sovinto Jumalan kanssa, ja hän nousi ylös kuolleista, jotta meistä myös tulisi vanhurskaita ja voisimme elää kuten hän (Room. 4:25). Jeesuksesta sanotaan, että hän on *ensimmäinen* veljien joukossa, eli meidän on tarkoitus seurata perässä ja astua ylösnousemuselämään! "Hän, joka pyhittää, ja ne, jotka pyhitetään, ovat kaikki alkuisin yhdestä. Siksi hän ei häpeä kutsua heitä veljikseen." (Hepr. 2:11.) Tämä kaikki tulee täydelliseksi viimeistään, kun Jeesus palaa takaisin ja tämä aika päättyy. Uskon, että me voimme jo nyt elää Jeesuksen voittoa todeksi niin paljon, kun uskomme olevan mahdollista.

## Älä pelkää prosessia

Jos kerran Jeesus on jo tehnyt kaiken uudeksi, miksi joskus edelleen käyttäydymme vanhalla tavalla? Kun synnymme uudesti, saamme Jumalan hengen, mutta mielemme tarvitsee edelleen uudistumista Jumalan sanan mukaan. Se, että olemme uusia luomuksia, *ei tarkoita*, etteikö meillä edelleen olisi valinnanvapautta toimia uuden luonnon ja Jumalan tahdon vastaisesti. Sen sijaan tämä tarkoittaa, että meidän on mahdollista opetella elämään kuten Jeesus eli. Jeesuskin kasvoi kuuliaisuuteen ja me saamme kasvaa myös. Jumalan armo on pelastus kaikille, ja se "kasvattaa meitä hylkäämään jumalattomuuden ja maailmalliset himot ja elämään siveästi, vanhurskaasti ja jumalisesti *nykyisessä maailmanajassa*" (Kirje Titukselle 2:11–12, korostus minun). Ajattele, ei sitten joskus taivaassa, vaan tässä ajassa! Opettelu tapahtuu sen kautta, että elämme yhteydessä Jumalaan. Se, että meitä kutsutaan Jumalan lapsiksi, joita olemmekin, on hyvä muistutus tästäkin. Me olemme riippuvaisia Jumalasta, kuten lapsi on vanhemmasta.

Jumala näkee meidät jo täysin Jeesuksen työn kautta, ja me saamme kasvaa käyttäytymään sen mukaan. Mielestäni Graham

Cooke on sanoittanut tämän hyvin: "Armo luo turvallisen paikan meidän oppia ja kasvaa kaikkeen, mitä Kristuksessa on. Armo on Jumalan voimaannuttava läsnäolo minussa, minkä kautta minun on mahdollista tulla siksi persoonaksi, jonka Isä näkee, kun hän katsoo minua Jeesuksessa."[1] Uutena elämisen oppiminen on prosessi, jossa me kasvamme koko ajan.

Kaikki alkaa siitä, että uskomme. Jeesus on määrittänyt totuuden minusta ja minun perintöni on hän. Jäljelle jää vain minun valintani uskoa se ja pysyä totuudessa joka tilanteessa. Annanko Pyhän Hengen opettaa minua elämään, ajattelemaan ja reagoimaan tämän totuuden mukaan? "Jumalan työtovereina me kehotamme teitä ottamaan vastaan Jumalan armon niin, ettei se jää turhaksi" (2. Kor. 6:1). Armo on käsittämättömän suuri voima! Me saamme kiinnittyä siihen kaikella meissä ja kaikessa, mitä teemme. Itse kullekin meistä on annettu armo, ei meidän oman mittamme, vaan Jeesuksen lahjan mitan mukaisesti (Ef. 4:7)! Rukoilen, ettei pisaraakaan Jumalan armoa valu hukkaan kenenkään meidän kohdalla.

Tässä eräänä aamuna tunnistin itsessäni monta kohtaa, jossa elin oma etu edellä. Se, mikä on totta minun hengestäni ei näkynyt vielä käytännössä. Heitin seuraavan kysymyksen Jumalalle: Miten itselle oikeasti käytännössä kuollaan? Jumala antoi yksinkertaisemman vastauksen kysymykseeni, kuin mitä olin odottanut. Vain rakkaus ei tavoittele omaa etua. Meissä ei itsessämme ole rakkautta, vaan me rakastamme, koska Jumala on ensin rakastanut meitä. Siispä jokainen kohta, missä vielä tavoittelen omaa etuani, on kohta, missä en ole ymmärtänyt Jumalan rakkautta. Samalla tavalla jokainen kohta meissä, missä tunnistamme kasvuvaraa Jeesuksen kaltaisuuteen, on kohta täyttyä Jumalan rakkaudella.

Jokaiseen haasteeseen sisältyy kutsu ottaa vastaan enemmän. Meidän on jatkuvasti otettava vastaan Isän rakkautta ja annettava sen täyttää meidät. Sydämen muutos on Jumalan työ! Meidän osa on nöyrtyä Jumalan edessä ja antaa Jumalan rakkauden tehdä kaikki, mitä vain se voi tehdä. Jumala tekee työtä meidän sydämessä todella paljon hänen sanansa kautta, ja kannustan sinua lukemaan Raamattuasi. Tämän lisäksi kannustan rehellisyyteen oman sydämen kanssa. Keskeneräisyyttä ei tarvitse säikähtää. Jeesus voi tulla todeksi vain siihen, missä tunnistamme tarvitsevamme häntä.

## Skippaa hienosäätö

Yksi syy, miksi ajattelen yksinkertaisen evankeliumin haastavan meitä, on se, että ihmisinä olemme taipuvaisia kaikenlaiseen omaapuun. Muistan kerran kävelleeni kirjakauppaan ja häkeltyneeni self-help -teosten määrästä! Me yritämme loputtomasti fiksailla itseämme, lopulta heikoin tuloksin. Meidän fiksailu jää pintapuoliseksi, sillä emme pysty muuttamaan sydäntämme. Tästä voi seurata myös se, että heitämme hanskat tiskiin ja alamme elää välinpitämättömästi, minkä seurauksena satutamme itseämme ja muita.

Evankeliumi tarjoaa ratkaisun molempiin tilanteisiin. Ajattele, että edes Jumala ei korjaa vanhaa luontoamme, vaan hänestä on parempi pyyhkiä se kokonaan pois kuviosta ja luoda uutta! Miksi ihmeessä me niin herkästi yhä yritämme? Meidän ei enää tarvitse itse trimmailla sydäntämme ja käytöstämme, eikä meidän kuitenkaan tarvitse elää vastuuttomasti. Sen sijaan "teidän tulee hylätä vanha ihmisenne, jonka mukaan te ennen vaelsitte ja uudistua hengeltänne (asenteiltanne) ja *mieleltänne* ja pukea yllenne uusi ihminen, joka on luotu Jumalan kuvan mukaisesti totuuden vanhurskauteen ja pyhyyteen" (Ef. 4:22–24, sulku minun lisäys). Jumalan Henki muuttaa meitä ja meidän mielemme uudistuu, kun katselemme Jeesusta (2. Kor. 3:18). Me muutumme sen kaltaiseksi, joka kanssa vietämme aikaa!

Jos me, jotka olemme nyt liitetty Jeesukseen, yritämme edelleen itse kuroa kuilua meidän ja Jumalan välillä umpeen, emme usko, että Jeesuksen sovitus meidän puolestamme todella riittää. Ja yhtä lailla, jos käyttäydymme vanhan luonnon mukaisesti, emme usko, että hän on todella luonut meidän sisinpämme täysin uudeksi. Jumalan kutsu meille on antautua hänen rakkaudelleen. Sen kautta me opimme elämään kuolleena synnille ja kaikelle, mikä erottaa meitä Jumalasta, todellisesta identiteetistämme ja tarkoituksestamme. Jumala opettaa meitä elämään uuden luontomme mukaisesti, hengen mukaan. Me laskemme oman elämämme alas hänen jalkojensa juureen ja saamme tilalle hänen yltäkylläisen elämän ja osallisuuden itse Jumalaan. Kyseessä on maailman ihmeellisin vaihtokauppa!

Meille Jeesuksen seuraajina ei silti luvata ongelmatonta elämää maan päällä. Päinvastoin. Me kuulumme toiseen valtakuntaan ja Jumalan sana vetää puoleensa vastustusta. Jeesus lupasi, että hänen omiaan tullaan vainoamaan. Jos seuraat tinkimättä Jeesusta, tulet kohtaamaan ihmisiä, jotka eivät siitä pidä. Meidän sotamme ei kuitenkaan ole ihmisiä vastaan, vaan henkivaltoja. Saatana ei vihaa sinua henkilökohtaisesti, mutta hän vastustaa Jeesusta sinussa. Myöskään meidän sota-aseemme eivät ole maailmasta, vaan Jumalan Hengeltä ja ne ovat voimallisia kukistamaan vihollisen sata–nolla. Ei siis pelkoa! Jeesus on luvannut olla kanssamme koko ajan. Elämä Jeesuksen kanssa jopa vaikeuksissa on parempaa kuin mukava elämä ilman häntä, hän on todellinen elämä.

## Usko ainoastaan

Me käyttäydymme sen mukaan, mitä uskomme. Tämä ei ole vieras ajatus edes maailmassa. "Käsityksemme siitä, millaisia olemme, vaikuttaa usein myös toimintaamme ja käyttäytymiseemme" (Suomen Mielenterveysseura). Jokainen ihminen käyttää uskoaan jatkuvasti ja kysymys onkin: "Mihin?"

Jeesus on ostanut meille täyden vapauden, eikä saatana voi tehdä tyhjäksi Jeesuksen tekoa. Hän ei voi mitään sille, että me, jotka uskomme, olemme syntyneet uudesti. Meistä on tullut uusia luomuksia, joita maailma ei ole ennen nähnyt. Henkemme tulee täysin Jeesuksen kaltaiseksi, täysin yhdeksi Jumalan kanssa. Se, mitä saatana voi kuitenkin tehdä, on valehdella. Hän pyrkii vaikuttamaan siihen, mitä uskomme ja sen kautta käyttäytymiseemme. "Pysykää siis lujina älkääkä antako uudestaan sitoa itseänne orjuuden ikeeseen." (Gal. 5:1.) Nimittäin vapauteen Kristus meidät vapautti, ja missä Herran henki on, siellä on vapaus (Gal. 5:1, 2. Kor. 3:17).

Vihollinen on tullut vain ja ainoastaan tuhoamaan, varastamaan ja tappamaan. Hän todellakin yrittää uudelleen orjuuttaa meidät syntiin. Tai kun synti ei enää edes houkuttele, yksi asia, mihin saatana yrittää huijata heidät, jotka tosissaan haluavat Jeesusta, on uskonnollisuus. Siinä yritetään olla Jumalan kaltaisia omassa voimassa. Siinä on oikea ulkomuoto, mutta siitä puuttuu Jumalan voima (2. Tim. 3:5). Se ei siis ole todellista Jeesuksen oman elämää, eikä siinä todellakaan ole vapautta. Siinä ei ole kyse suhteesta Jumalaan, vaan oikeiden asioiden suorittamisesta.

Luvussa, jossa puhuttiin Jumalan luonteesta esittelin Raamatun kertomuksen tuhlaajapojasta, mikä löytyy Luukkaan evankeliumin luvusta 15. Tällä pojalla oli vanhempi veli. Tuhlaajapojan palatessa kotiin, veli suuttuu eikä edes tunnusta poikaa veljekseen. Hän on vihainen myös isälle, joka järjestää tuhlailevat juhlat nuoremmalle pojalle. Hän kysyy isältä miksei hänelle ole ikinä pidetty moisia juhlia, vaikka hän on tehnyt töitä isälleen koko elämänsä. Isä vastaa, että kaikki, mikä on hänen, on aina ollut myös pojan, ja tämä on aina ollut hänen luonaan. Tarina kokonaisuudessaan on kertomus Isän tuhlailevasta rakkaudesta molempia veljiä kohtaan.

Jeesuksen työ oli täydellinen, eikä siihen voi lisätä mitään, mutta se täytyy ottaa uskossa vastaan. Jeesus on tehnyt kaiken muun meidän puolestamme, mutta meidän täytyy valita hänet ja pysyä hänessä. Meidän täytyy uskoa, että kaikki mikä on Isän, on myös meidän, ja meillä on oikeus kaikkeen, mikä on taivaassa. Meillä on jopa järkeä loukkaava oikeus pitää tästä totuudesta kiinni, vaikka ympärillämme tai sisällämme tapahtuisi mitä tahansa. "Mehän vaellamme uskossa, emme näkemisessä" (2. Kor. 5:7). Me saaamme pitää silmämme lakkaamatta Jeesuksessa. Hän on meidän uskon alkaja ja täyttäjä (Hepr. 12:2). Me olemme aloittaneet hengessä ja meidän tulee jatkaa hengen avulla (Gal. 3:3). Paavali toistaa kirjeissään samaa pointtia, me olemme pelastuneet armosta, ja armo on voima, joka saattaa muutoksen loppuun asti, kun pysymme Jeesuksessa. Jeesus sanoi synagogan esimiehelle, jonka tytär oli vakavasti sairas, ettei tämän tarvitse pelätä, ainoastaan uskoa, ja tytär parani. Jeesuksen sanat ovat meille aivan yhtä relevantteja tänä päivänä. Älä salli epäilyä tai epäuskoa, vaan usko häneen, usko ainoastaan.

"Niin kuin siis olette ottaneet vastaan Kristuksen Jeesuksen, Herran, niin vaeltakaa hänessä. Juurtukaa häneen, rakentukaa hänessä ja vahvistukaa uskossa" (Kol. 2:6–7). Mitä enemmän kuljemme Jeesuksen kanssa, sitä enemmän juurrumme häneen ja vahvistumme uskossa. Uskon, että me voimme aina ymmärtää syvemmin Jeesuksen kuolemaa ristillä, hänen ylösnousemustaan ja meidän elämäämme hänessä. Rukoilen, että Jeesus saa elämissämme täyden palkinnon kaikesta, minkä vuoksi hän kärsi.

## Yksi kuiva rypäle vai runsas makea sato?

Uskon lisäksi Raamattu antaa meille myös toisen avaimen kasvuun. Johannes kertoo evankeliuminsa alussa, että kaikki on syntynyt Jumalan kautta. Ilman häntä ei ole syntynyt mitään (Joh. 1:3). Job sanoo samaa: "Jumalan Henki on minut luonut, Kaikkivaltiaan henkäys antaa minulle elämän" (Job 33:4). Jumalan henkäys ei herätä eloon vain meitä, vaan hänen sanansa kautta kaikki, mitä näemme, on saanut alkunsa ja hänen sanansa voimassa kaikki pysyy koossa (Kol. 1:17). Tämän vuoksi myös meidän on mahdotonta saada aikaan mitään hyvää ja pysyvää ilman Jumalaa. Jeesus sanoo: "Minä olen viinipuu, te olette oksat. Se, joka pysyy minussa ja jossa minä pysyn, kantaa paljon hedelmää, sillä ilman minua te ette voi tehdä mitään" (Joh. 15:5). Tietysti ihmiset tekevät paljonkin asioita ilman Jumalaa, mutta Jeesus puhuu siitä, että ilman häntä me emme saa aikaan mitään ikuisuuden kannalta kestävää ja merkittävää.

Viinipuun vertauskuvaa ajatellen olen kuullut Heidi Bakerin sanovan osuvasti, että oman aherruksen kautta voimme vuosien työn tuloksena kantaa Jumalalle pienen, kuivan rypäleen, mutta hänessä pysyen tuotamme kokonaisen viinitarhan tuoreen sadon, vuosi toisensa perään! Tässä on kyse elämästä, mikä ei nojaa vain ihmisymmärrykseen ja ihmisvoimaan, vaan kaikessa etsii Jumalan mielenmukaisuutta ja kulkee hänen voimassaan. Kaiken, mitä teemme, saamme tehdä Jeesuksen kanssa, hänen kauttaan ja häntä varten. Hän on elämän fokus, keskipiste ja päämäärä.

Yksi elämäni tärkeimmistä Raamatunpaikoista on Sananlaskut 3:5–6: "Turvaa Herraan kaikesta sydämestäsi, älä nojaudu omaan ymmärrykseesi. Tunne hänet kaikilla teilläsi, niin hän sinun polkusi tasoittaa." Jumala on antanut meille mielen, ja me saamme käyttää sitä. Jumala ei puhu mieltämme vastaan, vaan hänen ohjeensa meille on se, ettemme olisi niin viisaita omissa silmissämme, ettemme haluaisi kuulla hänen ääntänsä ja turvata jokaiseen sanaan, jonka hän meille puhuu. Meidän kuuluu asettaa mielemme Jeesuksen Herruuden alle ja siinä, missä hänen sanansa sanoo sellaista, mitä mielemme ei käsitä, me valitsemme uskoa häntä, emme meidän mieltämme. Tämän jälkeen voi pyytää, että Pyhä Henki lisää myös meidän ymmärrykseemme ja opettaa meitä.

## Kätketty Isän sydämeen

Ihmiselle on mahdotonta täysin kuolla itselleen: saada itse aikaan se, että vanha luonto kuolee. Vähintäänkin on mahdotonta kuolla itselleen ja sen jälkeen kuitenkin elää siinä täyteydessä, mihin Jumala meidät loi. Oma kokemukseni on, että jos yrittää itse kuolla itselleen paremmin, herkästi tukahduttaa kaiken sisällään, myös sen hyvän, minkä Jumala on luonut tarkoitusta varten. Jeesus kuoli kerran meidän kaikkien puolesta (Room. 6:10). Hän kuoli minuna ja sinuna, ja meidän osamme on pitää itseämme kuolleina kaikelle synnille (Room. 6:11). Itselle kuoleminen ei ole lainkaan sama asia, kuin itsensä vähättely, itsensä pienentäminen tai nöyristely. Se tarkoittaa, että ei pidä omaa elämää omanaan: ei enää elä itseään varten, ei tavoittele omaa kunniaa, eikä rakasta omaa elämäänsä enemmän kuin Jeesusta tai muita ihmisiä. Samaan aikaan ei pelota olla täysin Jumalan luoma oma itsensä, antaa omien lahjojen kukoistaa ja kasvaa kaikkeen Jumalan täyteyteen. Uusi luomus kuuluu Jeesukselle, elää hänelle, hänen kunniaksi, hänen rakastettuna ja häntä rakastaen. Siksi se uskaltaa myös loistaa.

Kun me kuolemme kaikelle vanhalle, me emme menetä sitä, keitä todella olemme. Kun Jumala luo, hän luo hyvää. Se, keneksi Isä sinut loi, on hyvää (1. Tim. 4:4). Jumala tykkää sinusta! Olet syntynyt Isän sydämestä ja olet täynnä ihmeellisiä piirteitä. Jumala on luonut sinut sisintäsi myöten, ja jo äitisi kohdussa punonut sinut (Ps. 139:13). Jumala iloitsee sinusta, samalla tavalla, kuin hän iloitsee Jeesuksesta. Kun Jeesus eli maan päällä ja oli menossa kasteelle, taivaista kuului yhtäkkiä Isän ääni, joka sanoi: "Tämä on minun rakas Poikani, johon minä olen mieltynyt" (Matteus 3:17). Sulje silmäsi ja kuvittele Jumalan julistavan nämä sanat sinun yllesi. Jumala on mieltynyt sinuun.

Se, että olemme uusia luomuksia ja ymmärrämme sen, tarkoittaa sitä, että olemme samassa tilassa, kuin olisimme, jos ihminen ei olisi ikinä syönyt hyvän- ja pahantiedon puusta. Meidän on mahdollista olla täysin vapaita synnistä ja sen vaikutuksista. Me olemme vapaita esimerkiksi perhehistoriamme taakoista ja meitä kohdanneista vääryyksistä. Meidän tekemämme virheet ja voitot eivät määritä meitä eikä menneisyytemme määritä tulevaisuuttamme. Meidän identiteettimme on Jumalan rakkaudessa. Me olemme vapaita olemaan se ihminen, joksi Jumala meidät loi.

Muista, että kun me hukutamme itsemme täysin Jeesukseen, meidän oma persoonamme ei häviä. Meidän ei ole tarkoitus elää onttona kuorena Jeesukselle, näyttäen keskenämme kaikki täysin samalta. Jeesuksessa meidän persoonamme kukoistavat. Me olemme kätketty Jumalaan ja mitä enemmän etsimme ja opimme

tuntemaan häntä, sitä paremmin löydämme myös todellisen it-
semme. Nimittäin, joka kadottaa elämänsä Jeesukseen, joka pitää
itseään itselleen kuolleena, ja elää Jeesuksessa, löytää todellisen
elämän (Luukas 17:33). Sinä aamuna, jona kirjoitin tätä lukua,
vietin aikaa Jumalan kanssa, ja sisältäni nousi seuraava laulu.

*Mä löydyn sinusta*
*Mä oon piilossa*
*sun sydämessä*

*Jotta mä löydän itseni*
*mun täytyy mennä*
*syvälle sun kanssa*

*Sä oot ainoa lähde elämän*
*Mä tahdon sukeltaa*
*syvälle sun kanssa*

### Sovellus omaan elämääsi:

*Pyydä, että Pyhä Henki paljastaa kohtia, missä et ole uskonut, että Jeesus riittää. Mitä Jumala puhuu niihin kohtiin nyt?*

*Lue Efesolaiskirjeen luvut 1 ja 2 ja etsi kaikki totuudet, mitä ne sanovat sinun identiteetistäsi nyt.*

*Pyydä, että Pyhä Henki kertoo sinulle mitä erityistä juuri sinuun on luotu. Millä uniikilla tavalla sinä tuot esiin sen, kuka Jumala on?*

[1] Cooke, Graham. Your Starting Point for Grace. God's Empowering Presence. Brilliant Perspectives.

# Luku 5:
# Lapsenkaltaisuus

*"Katsokaa, millaista rakkautta Isä on meille osoittanut, että meitä kutsutaan Jumalan lapsiksi, joita me olemmekin" (1. Johannes 3:1)*

## Meitä kutsutaan Jumalan lapsiksi

Olen puhunut Jumalasta Isänä ja meistä hänen lapsinaan. Tämä luku avaa lisää Jumalan valtakunnan lapseutta. Kun me synnymme uudesti, me synnymme Jumalan perheeseen ja meistä tulee hänen lapsiaan (Roomalaiskirje 8:14). Lapsen asema saadaan lahjana (Room. 3:24)! Meillä on lupa kutsua Jumalaa intiimillä tavalla Isiksi. Me olemme saaneet lapseuden Hengen, jossa me huudamme: "Abba! Isä!"(Room. 8:15). "Abba" on hellittelynimitys isälle, jota Jeesus käytti. Meillä on aina oikeus lähestyä Jumalaa lapsenkaltaisella rohkeudella. Saamme aina tulla Isän syliin ja hän odottaa sitä! Jotta meillä on tästä varmuus, Pyhä Henki itse todistaa yhdessä meidän henkemme kanssa, että olemme Jumalan lapsia (Room. 8:16).

Lapset ovat myös perillisiä. Ajattele: Me olemme *Jumalan perillisiä*, yhdessä Jeesuksen kanssa (Room. 8:17)! Palataan jälleen kertomukseen tuhlaajapojasta, Luukkaan evankeliumissa. Muistat, miten poika oli tulossa kohti isänsä kotia, toivoen pääsevänsä palvelijaksi, mutta isä olikin juossut häntä vastaan syli avoinna. Nyt isä sanoi palvelijoilleen: "Tuokaa nopeasti parhaat vaatteet ja pukekaa hänet niihin, pankaa sormus hänen sormeensa ja kengät hänen jalkaansa" (Luuk. 15:22). Viitta, jonka isä puetti pojalle symboloi isän rakkautta, armoa, hyväksyntää ja suojaa. Sormus annettiin, kun haluttiin osoittaa arvostusta ja mieltymystä. Se oli myös auktoriteetin symboli, ja sormuksen haltijalla oli sama valta, kuin sen antajalla. Isä halusi pojan jalkoihin myös sandaalit, sillä vain palvelijat ja orjat kulkivat ilman kenkiä. Näillä konkreettisilla eleillä isä vahvisti poikansa lapsen aseman. Kenelläkään ei ollut mitään sanottavaa poikaa vastaan, kun hänen isänsä oli julkisesti tunnustanut pojan perilliseksi.

Jumala on tehnyt meille samoin. Hän on "siunannut meitä taivaallisissa kaikella hengellisellä siunauksella Kristuksessa. Jo ennen maailman perustamista hän valitsi meidät Kristuksessa olemaan pyhiä ja nuhteettomia hänen edessään. Rakkaudessaan hän jo edeltä määräsi meidät yhteyteensä, omiksi lapsikseen, Jeesuksen Kristuksen kautta, oman hyvän tahtonsa mukaan." (Efesolaiskirje 1:3–5.) Hän on antanut meille lapsen aseman ja tunnustanut meidät omikseen julkisesti. Hän on peittänyt meidät rakkaudellaan, peittänyt kaiken häpeän. Hän on antanut meille oman henkensä sinetiksi, vakuuttamaan meidät perillisyydestämme (Ef. 1:14). Hän on antanut meille hänen auktoriteettinsa yli henkivaltojen (Markus 16:17). Me emme ole orjia tai työntekijöitä, vaan adoptoituja lapsia. Me kuulumme ikuisesti hänen perheeseensä.

## Ei enää orpoutta

Meidät luotiin suhteeseen Isän kanssa, eikä mikään muu riitä täyttämään sisintämme kuin tämän suhteen ennalleenasetus. Uskon, että ilman Jumalan isällistä rakkautta jokainen maailmassa elää enemmän tai vähemmän orvon tavoin. Meidän jokaisen sydämeen on kuin kaiverrettu täydellisen Isän kaipuu, riippumatta siitä millaiset vanhemmat meillä on ollut, tai ei ole ollut. Jumala on meille täydellinen isä ja täydellinen äiti ja hän asettaa ennalleen meidän lapsen aseman.

Orpouden – ja sen pieniäkin rippeitä – tunnistaa ajatuksista ja käytöksestä. Yksinkertaistettuna orpo ajattelee olevansa itse vastuussa itsestään. Hän ei voi esimerkiksi luottaa, että hänestä pidetään huolta, tai hän ei uskalla antaa eikä jakaa, koska pelkää jäävänsä itse ilman. Orpo vertailee, ja hänestä tuntuu, että se, mitä muilla on, on itseltä pois. Orpo ei iloitse muiden puolesta, koska muiden onni sattuu. Tuntuu, että vain yhdellä on tilaa loistaa. Jos joku jo rohkeasti esimerkiksi käyttää ääntään, orpo uskoo, ettei hänen ääntä enää kaivata. Orvon sydämestä voi löytyä kovuutta tai turtuneisuuutta. Orpo painaa muita alas, jotta nousisi itse. Orpo nojaa kaikessa omaan ymmärrykseensä, ja kun hän ei tiedä mitä tulisi tehdä, hän tuntee olevansa hukassa. Tulevaisuus tuntuu epävarmalta ja se pelottaa. Orvon oma arvo riippuu ulkoisista tekijöistä ja omasta suoriutumisesta. Orvon valintoja ohjaa pelko. Tämä ei ole tyhjentävä lista, sillä orpouden ilmenemismuotoja on valtavasti.

Tunnistatko yhden tai useamman näistä piirteistä – tai jotain vastaavaa – itsessäsi? Jumalan lapsina me emme enää ole orpoja, eikä meidän tarvitse käyttäytyä orvon tavoin (Room. 8:15). Tiedän tämän, ja silti huomaan orpouden puskevan välillä läpi. Se, että todella uskomme sen, minkä tiedämme olevan totta, on prosessi: pään tiedon uppoaminen sydämeen ja vaikuttaminen käytökseen voi viedä aikaa. Tässäkin Pyhä Henki auttaa meitä! Hän osoittaa ne kohdat, joissa emme ole vielä ymmärtäneet lapsen asemaamme. Hän nostaa esiin kasvukohtia opettaakseen meitä. Hän ei ikinä tee sitä syyttäen, eikä tuoden häpeää tai tuomiota, vaan aina kutsuen astumaan täydemmin ja varmemmin meille kuuluvaan identiteettiin perillisinä.

## Vastuutonta huolettomuutta vai tervettä lapsenkaltaisuutta?

Yksi lapsen ominaisuus on se, että lapsi ei murehdi. Jumala on luvannut pitää lapsistaan huolta. Kun kerran Jumala ei säästänyt meiltä edes omaa poikaansa, eikö hän antaisi meille kaiken muunkin, mitä tarvitsemme (Room. 8:32)? Me saamme luottaa Jumalan huolenpitoon kaikessa (1. Pietarin kirje 5:7). Tarpeemme, taloutemme, tulevaisuutemme, unelmamme, ne ovat kaikki Jumalan mielessä. Hän ei unohda yhtäkään yksityiskohtaa.

Jeesus sanoo meille: "Älkää olko huolissanne hengestänne, siitä mitä söisitte tai mitä joisitte, älkääkä ruumiistanne, siitä mitä päällenne pukisitte. Eikö henki ole enemmän kuin ruoka ja ruumis enemmän kuin vaatteet? Katsokaa taivaan lintuja: eivät ne kylvä, eivät leikkaa eivätkä kokoa aittoihin, ja silti teidän taivaallinen Isänne ruokkii ne. Ettekö te ole paljon arvokkaampia kuin ne? Kuka teistä voi murehtimalla lisätä elämänsä pituutta kyynäränkään vertaa? Miksi te kannatte huolta vaatteista? Katsokaa kedon kukkia, kuinka ne kasvavat. Eivät ne tee työtä eivätkä kehrää. Kuitenkin minä sanon teille: ei edes Salomo kaikessa loistossaan ollut niin vaatetettu kuin yksi niistä. Jos siis Jumala näin pukee kedon ruohon, joka tänään kasvaa mutta huomenna joutuu uuniin, eikö hän paljon ennemmin vaateta teitä, te vähäuskoiset? Älkää siis murehtiko sanoen: 'Mitä me syömme?' tai 'Mitä juomme?' tai 'Mitä puemme päällemme?' Tätä kaikkea pakanat tavoittelevat. Teidän taivaallinen Isänne kyllä tietää, että te tarvitsette kaikkea tätä. Etsikää ennen kaikkea Jumalan valtakuntaa ja hänen vanhurskauttaan, niin teille annetaan lisäksi myös kaikki tämä. Älkää siis kantako huolta huomisesta, sillä huominen päivä pitää huolen itsestään. Kullekin päivälle riittää oma vaivansa." (Matteus 6:25–34.)

Tämän Raamatun paikan todeksi eläminen näyttää usein jopa vastuuttomalta maailman silmissä. Kuka muu pukisi sinut ja esimerkiksi perheesi, ellet sinä itse? Jeesuksen sanoilla ei kuitenkaan ole mitään tekemistä vastuuttomuuden kanssa, hän ei kehota meitä elämään holtittomasti. Raamatusta löytyy itseasiassa paljon sisältöä hyvään taloudenhoitoon ja työntekoon liittyen. Tämä kohta puhuu meidän identiteetistä lapsina. Me emme ole orpoja, vaan meillä on Isä, joka on meidän turvamme. Se, että me emme murehdi, ei ole vastuutonta. Päinvastoin on viisasta luottaa Jumalaan. Me teemme osamme ja annamme parhaamme, mutta meidän elämämme ei riipu vain siitä, miten onnistumme.

Murehtiminen on epäluottamuslause Jumalaa kohtaan. Se voi sairastuttaa mielen ja kehon sekä varastaa ilon ja kiitollisuuden. Murehtien on todella vaikea elää hetkessä. Ja mitä me murehtimalla saamme aikaan? Emme mitään. Mikä tärkeintä, kun mielemme täyttyy huolista, se ei ole täynnä Jeesusta –kun meidän fokus on ongelmissa, se ei voi yhtäaikaa olla Jeesuksessa. Jeesus ei kutsu meitä elämään tosiasioita kieltäen, vaan hän kutsuu meitä pysymään hänessä kaiken keskellä ja me saamme uskossa katsoa siihen, minkä Jumala sanoo olevan mahdollista. Meidän ei tarvitse eikä meidän kuulu sulkea silmiä ja korvia haasteilta, vaan meidän kuuluu saattaa ne rukoillen hänen eteensä, anoen ja kiittäen. Samaan mieleen ei kovin hyvin mahdu huoli ja kiitos. Meidät on kutsuttu kiittämään kaiken keskellä. Jokainen ongelma on mahdollisuus nähdä enemmän Jeesusta, nähdä hänen voimansa, hänen huolenpitonsa, hänen ratkaisunsa. Kivutonta se ei aina ole, mutta hänen kanssaan meillä on ikuinen toivo, joka ei koskaan jää turhaksi!

Tiedän, että on pelottavaa tulla itsensä loppuun, tulla siihen kohtaan, missä omat strategiat ja voimat eivät yksinkertaisesti enää riitä. Mutta Jumalan lapsina meidän ei tarvitse kuunnella pelon ääntä. "Eihän Jumala ole antanut meille pelkuruuden henkeä vaan voiman, rakkauden ja terveen ymmärryksen hengen" (2. Timoteuksen kirje 1:7). Se kohta, missä lakkaamme kulkemasta omassa voimassa, on juuri se kohta, missä alamme oppia, miltä näyttää kulkea Jumalan voimassa. Ja kun meidän ideamme loppuvat, Jumalalla on loputtomasti lisää! Paavali kirjoittaa, että juuri silloin, kun hän on heikko, hän on itseasiassa vahva, sillä silloin Jumalan voima tulee todelliseksi (2. Korinttilaiskirje 12:10). Jopa Jumalan heikkous on ihmisen voimaa vahvempi! Kun lapsi väsähtää, Isi kantaa.

Uskon, että tässä, kuten niin monessa muussakin asiassa, on kyse meidän sydämestä. Mihin sydämemme kiinnittyy: esimerkiksi omaan voimaan, toiseen ihmiseen vai Jumalaan? Uskon myös, että Jumalan sydän nauttii siitä, että luotamme häneen ja valitsemme uskoa, että hän on luotettava. Aivan kuten me iloitsemme siitä, että joku todella tuntee meidät ja näkee, keitä todella olemme, samalla tavalla uskon Jumalan iloitsevan siitä, kun hänen lapsensa näkevät hänet sellaisena kuin hän on –uskollisena Isänä. Kun luotamme Isän huolenpitoon, saamme käyttää sen ajan ja

energian, mikä menisi murehtimiseen, siihen, että Jumalan valta-
kunta menee eteenpäin meidän elämässä ja sen kautta.

## Jumalan mielen mukainen murhe

Koska olen puhunut murehtimisesta, avaan vielä, että kaikki
murhe ei ole huonoa. Elämämme ei ole pelkästään niin kutsuttuja
positiivisia tunteita. Kun Pyhä Henki nostaa vaikeita asioita sydä-
melle, me tunnemme murhetta. Kun olemme esimerkiksi toimi-
neet väärin, se harmittaa. Seurauksen kuuluisi kuitenkin olla
nöyrtyminen Jumalan edessä ja sitä kautta muutos meissä, ei
murheeseen jääminen. "Jumalan mielen mukainen murhe näet saa
aikaan parannuksen, joka koituu pelastukseksi ja jota ei tarvitse
katua. Maailman murhe sen sijaan tuottaa kuoleman." (2. Kor.
7:10.)

Parannuksen teko näyttää siltä, että vaihtaa sitä kurssia, jolla
on ollut. Kirjaimellisesti sana tarkoittaa kääntymistä 180 astetta ja
kulkua vastakkaiseen suuntaan. Jos huomaamme käyttäytyvämme
identiteettimme ulkopuolella, toimien tavalla, joka ei enää ole
Jumalan lapsen osa, me saamme yksinkertaisesti vaihtaa kelkkaa:
"Hei, tämä ei ole enää minä!" Ei rypemistä itsesäälissä, syytökses-
sä tai häpeässä, vaan nopea mielenmuutos ja erinäköinen toimin-
ta.

Myös kun Jumala jakaa meille omaa sydäntään, sitä, mikä sattuu häneen, ja se tuntuu myös meissä ja tätä ei tarvitse yrittää vältellä. Lapsi tuntee Isän sydämen. Esimerkiksi epäoikeudenmukaisuus sattuu. Meidän ei kuitenkaan kuulu kantaa raskaita taakkoja itse, vaan etsiä Jeesuksen kasvoja, hänen tahtoaan ja ratkaisujaan. Lapsi ei ratko ongelmia yksin. Joskus elämässä me koemme myös murhetta, mutta autuaita (siunattuja, kadehdittavan onnellisia) ovat murheelliset, sillä he saavat lohdutuksen (Matt. 5:4). He, jotka uskaltava tuntea vaikeita tunteita, saavat myös tuntea Pyhän Hengen Lohduttajana! Lapsella on lupa olla aito.

## Todellinen nöyryys

Toinen lapsenkaltainen piirre on todellinen nöyryys. Jeesus sanoo: "Totisesti minä sanon teille: ellette käänny ja tule lasten kaltaisiksi, te ette pääse taivasten valtakuntaan. Joka siis nöyrtyy tämän lapsen kaltaiseksi, se on suurin taivasten valtakunnassa" (Matt. 18:3–4). Jeesus siis sanoo, että ellemme muuta ajattelutapaamme ja ole halukkaita oppimaan taivaan valtakunnasta kuten innokas lapsi, täynnä ihmetystä, me emme ikinä kykene astumaan siihen sisälle.[1] "Sillä hetkellä Jeesus riemuitsi Pyhässä Hengessä ja sanoi: 'Minä ylistän sinua, Isä, taivaan ja maan Herra, siitä, että olet salannut nämä viisailta ja älykkäiltä mutta olet ilmoittanut ne lapsenmielisille. Näin sinä, Isä, olet hyväksi nähnyt.'" (Luuk. 10:21.)

Joskus nöyryys sekoitetaan itsensä pienentämiseen, vähättelyyn tai ajatukseen, ettei ansaitse mitään. Todellisella nöyryydellä ei ole mitään tekemistä minkään näistä kanssa. Millaista nöyryyttä Jumala meiltä odottaa? Tätä kannattaa kysyä ja etsiä tähän vastauksia, sillä Jumala on ylpeitä vastaan, mutta nöyrille hän antaa armon (Jaakob 4:6 ). Jumala ei odota nöyryyttä siksi, että meidän tulisi olla jotain vähemmän, vaan siksi, että hän haluaa antaa meille enemmän! Jeesus sanoo Matteuksen evankeliumin viidennessä luvussa, että autuaita, (siunattuja, kadehdittavan onnellisia) ovat nöyrät, sillä he perivät maan ja siunattuja ovat nälkäiset, koska heidät ravitaan. Me saamme, mitä janoamme. Sillä mitalla, millä me tunnustamme tarvitsevamme lisää, sillä samalla määrällä Jumala voi meille antaa. Nöyryys pitää sydämen pehmeänä ja pehmeään sydämeen uppoaa se, mitä Jumalalla on antaa. Me emme pysty ottamaan vastaan, jos luulemme, että tiedämme kaiken.

Jumalan valtakunnassa sen myöntämiseen, että tarvitsee lisää, ei liity häpeää. Se ei ole noloa! "Käsivarrellaan hän on osoittanut voimansa. Hän on lyönyt hajalle ne, joilla oli ylpeät ajatukset sydämessään. Hän on kukistanut valtiaat valtaistuimilta ja korottanut alhaiset. Nälkäiset hän on täyttänyt hyvyytensä runsaudella, mutta rikkaat hän on lähettänyt tyhjinä pois" (Luuk. 1:51–53).

Jos janoat enemmän Jumalaa, haluat tuntea hänet paremmin, todellisemmin ja henkilökohtaisemmin, se on hyvä asia. Jos se, mitä sinulla on hänestä nyt, ei riitä, hyvä! Jos et vielä tunne häntä niin syvällä tavalla, että käytöksesi tihkuu hänen rakkauttaan kaikkialle, myönnä se, ja pyydä lisää. Nälkäisen sydämen Jumala pystyy täyttämään *hyvyytensä runsaudella*!

## On nöyryyttä ottaa vastaan

Kerran Jumala kysyi, olisinko valmis luopumaan tanssista, mitä rakastan. Hän kysyi olisinko valmis luottamaan sen hänelle, rakkauden tähden. Kysymys nosti sydämessäni pintaan kipua ja irtipäästäminen tuntui uhraukselta. Silti valitsin kätkeä tämän unelmani Jumalaan. "Siitä syystä minä myös tätä kaikkea kärsin enkä sitä häpeä, sillä minä tiedän, keneen uskon, ja olen varma siitä, että hän kykenee säilyttämään siihen päivään asti sen, mikä on minun haltuuni uskottu" (2. Tim. 1:12). Jae on eri kontekstissa Raamatussa, mutta Jumala vahvisti minulle tämän kautta sitä, että tunnen hänet ja voin luottaa häneen. Luovuin täysin kontrollista, miten ja milloin Jumala nostaisi tanssin jälleen esiin, ja olin myös valmis siihen, että se ei tapahtuisi tässä ajassa. Jeesus on todella kaiken arvoinen, ja hän on parempaa kuin mikään muu. Hän itse on meidän palkinto. Samantien, kun olin parin tunnin itkun jälkeen antanut ohjat täysin Jumalalle, sydämeni tuntui ihmeellisen kevyeltä ja olin täynnä rauhaa.

Tämän prosessin keskellä mietin paljon Abrahamia. Jumala oli luvannut Abrahamille, että tästä tulee kansakuntien isä. Hän oli 100-vuotias, hänellä ei ollut yhtään lasta, hänen kehonsa oli kuihtunut ja hänen vaimonsa kohtu kuoleutunut (Room. 4:19). Silti Abraham uskoi ja hänelle syntyi lupauksen voimasta poika, Iisak. Iisakin vähän kasvettua Jumala pyysi Abrahamia uhraamaan tämän ainoan poikansa. Siihen aikaan lasten uhraaminen jumalille ei ollut epätavallista. Heti seuraavana päivänä Abraham lähti Iisakin kanssa liikkeelle, kohti vuorta, minkä Jumala Abrahamille osoitti. Matkalla poika näki polttopuut, tulen ja uhriveitsen, ja kysyi isältään, missä on polttouhri? Ja Abraham vastasi: "Jumala kyllä katsoo itselleen lampaan polttouhriksi, poikani."(1. Mooseksen kirja 22:1–8.)

Abraham uskoi Jumalan lupaukseen, että hänestä tulee kansakuntien isä, vaikka hän uhraisi lupauksen poikansa (Room. 4:21). Hän uskoi, että Jumala voi jopa herättää kuolleet. Niinpä Abraham laski poikansa alttarille ja tarttui veitseen, mutta samassa Jumala huusi taivaasta: "Älä tee pojalle mitään!" (1.Moos. 22:12). Jumala osoitti konkreettisesti, että hän ei ole Jumala, joka haluaa kuolleita ihmisuhreja. Hän ei ole muiden jumalien kaltainen Jumala! En usko, että hän ikinä halusi Abrahamin uhraavan poikaansa. Hän on Jumala, joka tuli itse uhriksi meidän puolestamme! Jeesus on Jumalan hyväksi katsoma uhrilammas, josta Abraham tietoisesti tai tietämättään puhui.

Heti seuraavana päivänä siitä, kun olin laskenut tanssin Jumalan käsiin, hän sanoikin, ettei hän halua minun lopettavan. Tunnistin, että minun oli vähän vaikea ottaa tanssi vastaan niin pian. Tuntui epätodelliselta saada takaisin jotain, mistä olin juuri tosissani luopunut. Jumala korosti minulle, että on itse asiassa nöyryyttä ottaa vastaan se hyvä, mitä hän haluaa antaa. Hän puhui minulle siitä, että hän ei odota minultakaan ulkonaista uhria – mutta hän haluaa sydämeni, kokonaan! Meidän rakkaus Jeesukseen on se uhri, mitä Jumala haluaa. Kysymys oli koko ajan sydämestäni, ja Jumala testasi sitä, mikä on minulle rakkainta. Kun hän on kaikista rakkain, suhteen vaaliminen hänen kanssaan on kaikista tärkeintä. Tällöin ei tahdo tehdä mitään, mikä vahingoittaisi tätä suhdetta. Jos mikä tahansa asia nousee prioriteettina yli Jumalan, se vahingoittaa jumalasuhdetta. On tärkeää rakastaa unelman antajaa enemmän kuin unelmaa, lupauksen antajaa enemmän kuin lupausta. Syvin haluni on se, että vaalin rakkauttani häneen enemmän kuin teen mitään muuta.

Lapseudessa on kyse syvästä luottamuksesta Isään. Raamattu lupaa, että Jumala ei peruuta antamaansa kutsua eikä antamiaan lahjoja (Room. 11:29). Nimittäin Jumalan ajatukset meitä kohtaan ovat rauhan, eivät tuhon ajatuksia (Jeremia 29:11). Jumala on antanut meille unelmat ja lahjat, eikä hän anna niitä vain ottaakseen ne pois. Ne ovat kuitenkin parhaissa käsissä, kun ne on kätketty häneen. Jos pidän kiinni yhdestä siemenestäni (kutsustani, lahjastani tai unelmastani), se jää juuri sellaiseksi, yhdeksi pieneksi siemeneksi. Mutta kun siemen kätketään maahan ja annetaan sen kuolla, se nousee moninkertaisena. Suhteessa Jumalaan kannamme runsaimman, kauneimman sadon. Kun kiintymyksemme on täysin Jumalassa, hän voi antaa meille kaiken muunkin täyteyden ilman, että se liikuttaa sydämemme kauemmas Jeesuksesta. Isän sydän on antaa niin paljon kuin me vain kykenemme ottamaan vastaan.

### Sovellus omaan elämääsi:

*Tunnistatko elämässäsi orvon ajattelua? Mitä Jeesus puhuu siihen tilalle?*

*Onko jonkin asia, jota murehdit? Tuo se rukoillen Jumalan tietoon ja murehtimisen sijaan valitse uskoa, että Jumala tekee tien jopa sinne, missä sitä ei ollut. Mikään ei ole hänelle mahdotonta.*

*Millä elämäsi osa-alueella Jumala kutsuu sinua luottamaan häneen sinun hyvänä Isänäsi enemmän?*

[1] Matt. 18:3–4 suomennettu mukaillen The Passion Translation -käännöstä

# Luku 6:
# Ketä kuuntelet?

*"Minä olen sinun palvelijasi, anna minulle ymmärrys, että tuntisin sinun todistuksesi." (Psalmit 119:125.)*

## Jumala puhuu

Joku voisi ajatella, että olisipa Jeesus meidän ajassamme ihmisenä, jotta voisimme nähdä hänet ja jakaa elämää, kuten opetuslapset hänen kanssaan tekivät. Se, että Jeesus nousi taivaaseen on meille parasta! Jeesus ei kulje ihmisenä rinnallamme, mutta hän on antanut oman Henkensä *jokaisen* lapsensa sisimpään, ja on näin lähempänä meitä nyt, kuin hän silloin oli opetuslapsiaan. Jeesus ei ole vain vierellämme, hän on meissä ja me olemme hänessä.

Kuten olen monta kertaa maininnut, Jumala on suhteen Jumala. Ja hän puhuu! Avaan pian lisää siitä miten. Tämän lisäksi Jumala on luvannut, että hänen omansa kuulevat hänen äänensä (Johannes 10:10). Jos kuulut Jeesukselle, kuulet hänen äänensä. Se, että olet uskossa todistaa tästä, sillä me tulemme Jumalan luo, koska hän ensin kutsuu. Olet siis jo kuullut hänen äänensä! Jumala myös *haluaa* puhua sinun kanssasi. Saat päivittäin pysähtyä kysymään: "Mitä Jumala minulle tänään puhut?"

On ihmeellistä, että Luoja Jumala haluaa puhua meille, niin kuin ystävälle (Joh. 15:15)! Hän ei koskaan pakota ystävyyteen ketään, mutta hän kutsuu siihen jokaista hänen lastansa. Jeesus paljastaa ystävilleen kaiken, mitä kuulee Isältä (Joh. 15:15). Meille on lahjana annettu Jumalan Henki, koska hän haluaa, että tunnemme hänet! Pyhä Henki paljastaa meille Jumalan kätketyt asiat, sellaista, mitä ihminen ilman häntä ei näe, kuule tai ymmärrä. Jumalan Henki tutkii kaiken, Jumalan syvyydetkin. (1. Korinttilaiskirje 2:9–10.) Sinun henkesi on yhtä Jumalan Hengen kanssa ja siksi pystyt tuntemaan Jumalan sydämen. "Me emme ole saaneet maailman henkeä vaan sen Hengen, joka on Jumalasta, jotta tietäisimme, mitä Jumala on meille lahjoittanut" (1. Kor. 2:12). Eikä Jumala anna Henkeään pienellä mitalla, vaan ylitsevuotavan runsaasti! Saat olla varma siitä, että Jumala on todella innokas puhumaan sinun kanssasi! Varmoina tästä totuudesta voimme katsoa, miten tämä tapahtuu käytännössä.

## Jumalan puhuu Raamatun kautta

Jumala siis puhuu ja mietit ehkä millä tavalla. Raamattu on Jumalan ensisijainen ilmoitus itsestään meille ja hän puhuu valtavasti Raamatun kautta. Jumala on korottanut sanansa jopa yli oman nimensä, joten Raamattu on täysin luotettava. Vaikka Raamatun on kirjoittanut joukko ihmisiä, se on syntynyt Pyhän Hengen vaikutuksesta. Jumalan henki on johtanut jokaista kirjoittajaa ja päättänyt mitä kirjoja Raamattuun sisältyy.

Koska Raamattu on syntynyt Hengestä, sitä on myös luettava Jumalan Hengen kanssa (2. Pietarin kirje 1:20–21). Me emme pyri ymmärtämään Jumalaa inhimillisellä viisaudella, vaan Hengen opettamina. Hengelliset asiat on tutkittava hengellisesti, muutoin Jumala tuntuu hullutukselta! (1. Kor. 2:9–16.) Mutta Pyhä Henki itse opettaa meille Jumalan salaisuuksia ja on kanssamme koko ajan. Hänen kanssaan luettuna Raamattu on elävää sanaa: hän puhuu sen kautta meille uudelleen ja uudelleen, aina tuoreella tavalla.

Suosittelen todella lämpimästi, että tutkit Raamattua itse. Mikäli et vielä tunne sen tekstejä, mielestäni hyviä kirjoja aloittaa tutustuminen (ja jatkaa sitä läpi elämän) ovat evankeliumit Uudessa testamentissa. Evankeliumeja on neljä: Matteuksen, Markuksen, Luukkaan ja Johanneksen mukaan. Näissä kerrotaan Jeesuksen elämästä maan päällä ja kuvataan käytännössä se, miten hän eli, puhui ja miten hän kohteli ihmisiä. Evankeliumeihin on tallennettu paljon Jeesuksen sanoja, joista voi loputtomasti ammentaa lisää! Kannustan sinua lukemaan kaikki evankeliumit, ja pysähtymään pohtimaan miksi Jeesus toimi, niin kuin toimi, ja mitä se paljastaa Jumalan luonteesta. Muista, Jeesus tuli maan päälle osoittamaan millainen Isä todella on. Hän veti totuutta sumentavan verhon pois silmien edestä!

Evankeliumien jälkeen ehdotan, että luet Uudesta testamentista niitä seuraavat kirjeet, jotka avaavat sitä, mitä Jeesuksen elämä tarkoittaa meille nyt ja miltä meidän elämä näyttää, kun olemme yhtä Jeesuksen kanssa. Kun olet oppinut tuntemaan Jeesusta näiden kirjeiden kautta, jatka koko Raamatun (Vanha ja Uusi testamentti) lukemista läpi uudelleen ja uudelleen, koko elämäsi ajan. Suosittelen, että luet Raamattua aina sillä motivaatiolla, että haluat oppia tuntemaan Jeesusta lisää. Peilaa jokaista kirjaa siihen, mitä Jeesuksesta kerrotaan. Pyhä Henki on enemmän kuin innokas opettamaan sinua.

Kun etsit, löydät Jeesuksen Raamatun joka sivulta! Koko Raamattu kertoo Jeesuksesta (Luukas 24:27). Jeesus *on* Jumalan Sana, joka tuli ihmiseksi ja asui meidän keskellämme (Joh. 1:1, 14). Meillä on siis sekä Jumalan kirjoitettu sana, Raamattu, että suhde häneen, joka itse on Jumalan Sana. Tämä on kombo, jolla juoksemme voitokkaasti elämämme loppuun asti!

En kykene tarpeesi painokkaasti korostamaan, miten ihmeellistä on, että meillä on Raamattu omalla kielellämme, ja vieläpä monena eri käännöksenä (vuosien 38 ja 92 käännökset sekä Raamattu kansalle että Uusi testamentti 2020 -käännökset)! Raamattu on kuvainnollisesti sekä miekka, joka toimii peilinä meidän sisimmälle, erotellen ja tuoden valoon kaikki sisimmätkin aikeemme ja ajatuksemme, että miekka meidän kädessämme, jolla voimme vastata jokaiseen haasteeseen (Heprealaiskirje 4:12, Efe-solaiskirje 6:17). Jumalan sana on totuus ja totuus vapauttaa (Joh. 8:31–32). Raamattu on päivittäinen leipä, joka ravitsee mei-tä (Matteus 4:4). Se on meidän varustukseksi ja rakentaa meitä (2. Timoteuksen kirje 3:16–17). Se on siis kirja, johon kannattaa rakastua! Riippumatta siitä, miltä lukiessa tuntuu, me saamme uskoa, että Jumalan sana saa menestymään sen, mitä varten se on lähetetty (Jesaja 55:11). Kun avaat Raamatun, pyydä Pyhää Hen-keä opettamaan sinua. Hän johdattaa meidät kaikkeen totuuteen ja avaa meille henkilökohtaisen ymmärryksen Jumalan sanasta.

## Jumalan puhe ei sodi sanaa vastaan

Raamattua on tärkeä lukea myös siksi, että Jumala on ilmoit-tanut meille luonteensa Raamatussa ja Jumalan luonteen tunte-misen kautta opimme tuntemaan myös hänen äänensä. Jumala on kuitenkin enemmän kuin Raamattu ja puhuu meille muillakin ta-voilla, ei kuitenkaan koskaan ristiriidassa Raamatun kanssa. Us-kon, että Jumala haluaa kohdata meitä kaiken mahdollisen kaut-ta! Silloin, kun meidän sydän haluaa enemmän häntä, me myös kuulemme, näemme ja koemme enemmän häntä. Voimme peilata kaikkea muuta, mitä koemme hänen sanovan siihen, mitä hän it-sestään ilmoittaa Raamatussa. Jumalan puheen voi myös peilata Jeesukseen. Kuulostaako ajatus sellaiselta, mitä Jeesus sanoisi?

Jeesus on Jumaluuden koko täyteys ja hänen puheensa heijastaa täydellisesti myös Isän sanoja. Jumala puhuu aina luonteensa mukaisesti. Kiteytetysti hänen sanansa tuovat aina elämää eli rakentavat meitä, eivätkä ne ikinä syytä.

Jumala puhuu monin tavoin, eikä hänen ääntänsä voi laittaa laatikkoon. Jokaisen Jumalasuhde on erityinen ja hän usein puhuu jokaiselle heille ominaisella tavalla. Osa esimerkiksi kuulee Jumalan puheen *tiedon lailla*: on vain sellainen olo, että tietää jotain, mieleen nousee selkeä, kirkas ajatus, esimerkiksi siitä, miten tulisi toimia. Joskus ajatus voi tuntua jopa täysin omalta, mutta siinä on Jumalan viisautta ja ohjausta. Jumalan puhetta oppii tunnistamaan ajan kanssa ja välillä ei edes tarvitse osata erotella onko ajatus oma vai Jumalan. Jumalan puheesta tulee niin tuttua, että se tuntuu omalta. Mitä enemmän kasvamme Jeesuksen kaltaisuuteen, sitä enemmän alamme myös ajattelemaan kuin hän. Onhan meille annettu Kristuksen mieli (1. Kor. 2:16)! Silti jokainen ajatuksemme ei automaattisesti ole Jumalalta ja me suojelemme mieltämme, kun vartioimme ajatustuksiamme. Me saamme päättää, mikä saa jäädä päähämme pyörimään. Palaan tähän tämän luvun lopussa tarkemmin.

Jumala puhuu sen kautta, mitä *tunnemme*: voi esimerkiksi tuntea levottomuutta, jos toimii Jumalan tahdon ulkopuolella tai rauhaa, kun tekee oikein. Jumalan sydäntä toista ihmistä kohtaan voi myös tuntea, kuten syvää myötätuntoa tai rakkautta tuntematonta ihmistä kohtaan. Erilaiset paikat voivat aiheuttaa tunnereaktioita, vaikka ei näkisi selvää syytä miksi –Jumala voi paljastaa meille tunteen kautta jotain, jotta voimme esimerkiksi rukoilla alueen puolesta tarkemmin tai saamme ymmärrystä toimia viisaasti. Lisäksi Jumala hyödyntää tunteita meidän kasvussamme. Yksi vinkki tähän on se, että ei leimaa mitään tunnetta hyväksi tai pahaksi: älä tuomitse omia tunteitasi tai lakaise niitä maton alle. Vaikka kokemasi tunne olisi vaikea, voit tarkastella sitä rohkeasti ja häpeämättä, ja kysyä Jumalalta: "Miksi tunnen näin?" "Mitä sinä haluat sanoa tähän?" Tällöin Jumala pääsee puhumaan kohtaan elämässäsi, mikä olisi voinut jäädä huomiotta ilman tunnereaktiota. Tunteet voivat osoittaa käytännössä missä kohtaa omaa kasvua olemme ja antaa arvokasta informaatiota. Muista, että tunteet eivät määrittele sinua. Totuus pysyy, vaikka tunteet ailahtelee. Kaikki tunteet eivät ole Jumalan puhetta eivätkä tunteet yksin voi johtaa meitä.

Jumalan äänen voi *kuulla*. Sen voi kuulla ikään kuin sisäisenä äänenä, kuin ajatuksena tai Jumala voi puhua auditiivisesti, niin, että hänen äänensä kuulee fyysisillä korvilla. Tässä hyvin arkinen esimerkki sisäisestä Jumalan äänestä: Joskus ollessani kaupassa ja miettiessäni ostanko jotain, oli kyseessä vaatteet tai jotain kotiin, kuulen selkeästi mielessäni: "Voit ostaa, mutta sun ei tarvitse." Tartun tähän ja asetan tuotteen takaisin hyllyyn. Pian tämän jälkeen saan yllättäen kyseisen tai jonkin vastaavan tavaran joltakulta ihmiseltä tai löydän sen alennuksesta. Minulla on muun muassa muutamat housut, joita kutsun "Jeesus-farkuiksi", koska hän on mukanani kaikessa, myös shoppaillessa. Nämä Jeesus-farkut istuvat täydellisesti ja muistuttavat minua siitä, että Jumala todellakin tuntee minut ja mittani ja pitää minusta huolta. Jeesus-farkut istuvat aina paremmin kuin niitä aiemmin sovittamani farkut, vaikka nekin olisivat olleet hyviä. Jumala puhuu meille suurista ja pienistä asioista!

Me voimme *nähdä* unia ja näkyjä, joiden kautta Jumalan Henki puhuu meille. Unet ovat harvoin kirjaimellisia, vaan usein vertauskuvallisia viestejä Jumalalta. Hän puhuu meille henkilökohtaisella tavalla, jonka ymmärrämme. Unissa kannattaa kiinnittää huomiota siihen, mitä näkemäsi sinulle edustaa. Meillä kaikilla on uniikki kokemus elämästä ja sen kautta oma symbolinen kielemme, jonka Jumala tuntee. Mitä jokin tietty paikka, esine, väri, henkilö tai muu sinulle edustaa? Jumalan puhe unien kautta yleensä liittyy meidän omaan elämäämme. Hän paljastaa meille salattuja asioita, tuo selkeyttä menneeseen tai nykyhetkeen, tai puhuu meille tulevasta. Kuten ajatukset ja tunteet, kaikki unet eivät ole Jumalan puhetta. Ihminen myös käsittelee asioita unissa, osa unista on puhtaasti mielemme prosessointia. Jotkin painajaiset voivat olla vihollisen häirintää, jonka saamme unohtaa samantien. Joskus sellaisen unen kautta, joka vaikuttaa painajaiselta, saatanan taktiikka voi kuitenkin paljastua ja tämä auttaa meitä toimimaan viisaasti. Joka tapauksessa meidän yömme kuuluvat Jeesukselle ja saamme julistaa hänet myös uniemme Herraksi. Unet kannattaa tuoda Jumalan eteen ja kysyä häneltä, mitä hän niiden kautta puhuu. Usein mitä selkeämpi uni on ja mitä paremmin se pysyy mielessä, sitä varmemmin uni on Jumalalta. Nämä unet kannattaa kirjoittaa muistiin.

Näky taas tarkoittaa, että näemme fyysisillä silmillä jotain, mitä tapahtuu hengessä. Vähän kuin näkisi unta hereillä ollessaan. Jumala käyttää myös mielikuvia ja meidän mielikuvitustamme kommunikointiin kanssamme. Esimerkiksi saatamme rukouksessa nähdä jonkin mielikuvan, jonka kautta Jumala puhuu. Kuten unissa, Jumala käyttää meille ominaista symbolista kieltä tässäkin. Hyppää rohkeasti mielikuvituksesi matkaan ja anna se Jumalan käyttöön. Jumala puhuu paljon ihan tavallisten asioiden kautta, joita jatkuvasti näemme arjessa. Luonto meidän ympärillämme puhuu jatkuvasti Jumalan ihmeellisyydestä. Pestyt ikkunat muistuttavat, että myöskään meissä ei ole enää tahroja tai että me saamme nähdä Jeesuksen, itsemme ja muut kirkkaasti. Pidä silmäsi auki ja odota kuulevasi Jumalan puhetta pitkin päivää sen kautta mitä näet.

# Jumala puhuu
# muiden ihmisten kautta

Jumala käyttää muita ihmisiä puhuakseen meille. Meistä jokainen on luotu Jumalan kuvaksi ja jokainen heijastaa häntä eri tavalla. Tästä syystä keskustelu toisen ihmisen kanssa voi olla myös mahdollisuus kuulla jotain Jumalalta. Oma rukoukseni on, etten missaisi Jeesusta kenessäkään. Jeesus puhuu lasten kautta. Hän puhuu ihmisten kautta, jotka ovat olleet vähemmän aikaa uskossa ja hän voi puhua myös ihmisten kautta, jotka eivät vielä edes tunne häntä. Hän puhuu ihmisten kautta, jotka ajattelevat eri tavalla kuin me! On tärkeää, että meillä on korvat kuulla, eli olemme valmiita kuuntelemaan, emmekä ole ylpeitä ottamaan vastaan.

Jumala on antanut lapsilleen Hengen lahjoja, joista yksi liittyy Jumalan puheeseen meille muiden kautta (1. Kor. 12:8). Sitä kutsutaan tiedon sanoiksi, ja se tarkoittaa sitä, että Jumala paljastaa yhdelle ihmiselle jotain, mitä tämä ei itse tietäisi jostakin toisesta henkilöstä tai tilanteesta. Tiedon sanojen tarkoitus on ennen kaikkea rohkaista ja rakentaa (1. Kor. 14:26). Niiden kautta voi usein kokea sen, miten henkilökohtainen Jumala on ja miten paljon hän välittää meistä, yksityiskohtia myöten. Tärkeistä asioista hän aina puhuu suoraan myös meille itsellemme. Toisen ihmisen sana Jumalalta voi vahvistaa jotain, mitä Jumala on jo puhunut meille, tai tulee puhumaan. Tiedon sanat ja profetiat on aina testattava Pyhän Hengen kanssa, eli on varmistettava, puhuuko Jumala meille todella niin kuin joku sanoi. Aika ja hedelmä usein osoittavat näiden sanojen lähteen. Kannattaa kirjoittaa muilta ihmisiltä saadut sanat muistiin, sillä ne voivat olla relevantteja joskus myöhemmin.

Kaikki tärkeät sanat, myös ne, mitä itse kuulee Jumalalta on hyvä kirjoittaa ylös. Erityisesti lupauksia ja profetioita tulevaisuudelle kannattaa lukea säännöllisesti, kun niiden toteutuminen ei vielä näy luonnollisessa todellisuudessa. Kun lupaus on muistissa, siitä voi pitää uskossa kiinni, erityisesti silloin, kun olosuhteet yrittävät vakuuttaa meitä muusta. Jumalan sana ei ikinä palaa tyhjänä, vaan toteuttaa sen, mitä varten se on lähetetty (Jes. 55:11). Kun odotat Jumalalta jotakin, pidä kiinni siitä, mitä hän on sinulle puhunut ja ylistä häntä hänen uskollisuudestaan jo ennen lupausten näkyvää toteutumista.

## Jatkuva dialogi

Maailma tulvii informaatiota ja voi tuntua siltä, että monenlaiset viestit huutavat korvaan ja tunkeutuvat näköpiiriin, halusi sitä tai ei. Jumalan ääni sen sijaan useimmiten ei puske läpi väkisin. Raamatussa on kertomus miehestä nimeltä Elia, joka kohtasi Jumalan vuorella. "Herra sanoi (Elialle): 'Mene seisomaan vuorelle Herran eteen.' Silloin Herra kulki ohitse, ja Herran edellä kävi voimakas tuuli, raju myrsky, joka halkoi vuoret ja särki kalliot. Mutta Herra ei ollut tuulessa. Tuulen jälkeen tuli maanjäristys, mutta Herra ei ollut maanjäristyksessä. Maanjäristystä seurasi tuli, mutta Herra ei ollut tulessakaan. Tulen jälkeen kuului hiljainen, kuiskaava ääni." (1. Kuninkaiden kirja 19:11–12.) Ja Jumala puhui Elialle hiljaisella kuiskauksella.

Joskus odotamme Jumalan puhuvan jylisevällä äänellä, kirjoittavan sanomansa taivaalle tai muuta vastaavaa ja suurieleistä, mikä ei voi mennä meiltä ohi. Mutta Jumala usein puhuu meille kuiskaten. Uskon, että hän tekee sen siksi, että meidän on oltava lähellä häntä, jotta kuulemme. Silloin, kun on lähekkäin jonkun kanssa, hiljainenkin kuiskaus riittää. Jos tuntuu siltä, että Jumalaa on vaikea kuulla, painaudu kiinni häneen, painaudu lähemmäs. Mitä enemmän vietät jonkun kanssa aikaa, sitä tutummaksi hänen äänensä tulee.

Jumala ei aina puhu sillä tavalla, kuin odotamme ja hän ei paljasta kaikkea kerralla. Ennen ristiinnaulitsemista Jeesus sanoo opetuslapsilleen, että hänellä on heille vielä paljon sanottavaa, mutta he eivät vielä voi ottaa sitä vastaan. Jeesus lupaa, että kun Totuuden Henki tulee, hän johdattaa heidät kaikkeen totuuteen! Pyhä Henki ei puhu omia ajatuksiaan, vaan puhuu sen, minkä Jeesukselta kuulee, ja ilmoittaa opetuslapsille, mitä on tuleva. (Joh. 16:12–13.) Jumala ei koskaan pidä mykkäkoulua lastensa kanssa, vaan paljastaa meille kaiken, mitä meidän täytyy sillä hetkellä tietää. Ja hän kutsuu meitä luottamaan häneen kaiken lopunkin kanssa.

Jos odotat kuulevasi esimerkiksi seuraavaa suuntaa elämälle, ja tuntuu siltä, ettei Jeesus puhu, kannattaa palata siihen, mitä hän on viimeksi sanonut ja siihen, mitä hän sanoo Raamatussa.

Hänen sanansa pysyy voimassa, vaikka aikaa kuluisi. Jumalan sana on luotettava ja hänen lupauksensa pysyvät. "Ei Jumala ole ihminen, että hän valehtelisi, eikä ihmislapsi, että hän katuisi. Sanoisiko hän jotakin eikä sitä tekisi? Puhuisiko hän jotakin eikä sitä toteuttaisi?" (4. Mooseksen kirja 23:19). Aivan kuten hän haluaa, että tulemme lähelle häntä kuullaksemme hänen äänensä, hän haluaa, että pysymme lähellä aina. Meidän ei ole tarkoitus tietää kaikkea, vaan kulkea hänen kanssaan jatkuvassa vuoropuhelussa. Kun elämme lähellä häntä, hän kertoo sen, mitä meidän täytyy kuulla ja silloin kun meidän täytyy se kuulla.

Oma kokemukseni on, että Jumala käyttää kaikkea, jotta kuulisimme hänen äänensä. Kirjoja, mainoksia, elokuvia, värejä, musiikkia, muotoja, liikettä, taidetta, todella arkisia asioita, ihmissuhteita, unia, meidän ajatuksiamme ja tunteitamme... Uskon, että hänen äänensä voi kuulla jollain tavalla koko ajan. Vaikka hän ei vastaisi johonkin tiettyyn kysymykseemme, uskon, että hän silti puhuu meille jotain, aina. Tätä voi myös pyytää: "Isä anna minulle silmät, jotka näkevät, korvat, jotka kuulevat ja sydän, joka ymmärtää. Otan vastaan kaiken, mitä tänään haluat minulle puhua." Jumala puhuu, ja on meidän vastuulla kuunnella. Joskus meidän täytyy raivata tilaa elämäämme, jotta voimme kuulla Jumalaa. Tyhjennä kalenteria, hiljennä ympäristö, laita puhelin pois päältä, avaa Raamattu ja pysähdy Jumalan läsnäoloon, unohda aika. Kun etsit Jumalaa, löydät hänet kyllä.

# Tunne Jumalan ääni

Jumala ei ole ainoa, joka puhuu meille. Saatana ja langenneet enkelit sotivat Jumalan lapsia vastaan (Ilmestyskirja 12:17) ja puhuvat myös aktiivisesti heillekin, jotka seuraavat Jeesusta. Saatana on valehtelija ja kaiken valheen isä (Joh. 8:44). Siispä mikään siitä, mitä hän tai valehteleva henki puhuu, ei koskaan ole täysin totta. He usein käyttävät sitä, mikä on totta, mutta vain osittain. He saattavat osoittaa todellisiin tilanteisiin tai muistuttaa jostain tapahtuneesta, mutta lisäilevät sekaan omiaan ja vähintäänkin värittävät perspektiiviä. Saatana usein kyseenalaistaa onko Jumala todella sanonut, mitä tiedämme hänen sanoneen. Ja kuten paratiisissa, hän haluaa, että mekin kyseenalaistamme sen, kuka Jumala on ja mitä hän on sanonut meistä. Saatana voi puhua jopa samoilla sanoilla, kuin Jeesus. Miten sitten voimme erottaa kumpi puhuu? Jeesus sanoi, että lampaat tuntevat hyvän paimenen *äänen*.

Tarkastele sitä, mitä kuulemasi saa sinussa aikaan. Jumalan sanat rakentavat ja ravitsevat. Saatana sen sijaan on tullut vain tuhoamaan, varastamaan ja tappamaan. Hän on syyttäjä. Hän valehtelee, ettemme kelpaa Jumalalle, ettemme ole tarpeeksi, emme riittävän hyviä... Tai päin vastoin, että olemme niin hyviä, ettemme tarvitse ketään muuta. Vertaile itseäsi tuohon ja tuohon, tuijottele omaan napaan vielä vähän pidempään... Lista jatkuu! Ensin hän syöttää meille valheita ja sitten syyttää meitä niistä. Jumalan rakas, älä ikinä kuuntele syytöstä!

Pyhä Henki myös osoittaa meille sen, missä olemme menneet vikaan, mutta hän ei ikinä tuo sitä valoon syytöksenä, vaan kutsuna meidän todellisen identiteetin mukaiseen elämään. Silloinkin, kun hän ojentaa meitä ja osoittaa kohtiin, joissa meidän tulee tehdä muutos, hän tekee sen armollisesti. "Mutta kaikki tulee ilmi, kun valo sen paljastaa, sillä kaikki, mikä tulee ilmi, on valoa" (Ef. 5:13). Kun siis Pyhä Henki johtaa meitä tekemään parannusta eli muuttamaan ajattelutapaamme tai elämämme suuntaa, hän paljastaa sisimpämme pimeitä kohtia, jotta ne voisivat muuttua elämäntäyteisiksi ja hedelmällisiksi. Parannuksen tekoon ei siis ikinä liity häpeää, vaan kutsu astua syvempään Jumalan lapseuteen. Pyhän Hengen kutsu parannuksen tekoon on Isän rakkautta meitä kohtaan. Hän ei halua, että elämässämme on mitään vahingollista, tai mitään, mikä estäisi meidän rakkaussuhdetta hänen kanssaan. Jumalan *hyvyys* vetää meitä muutokseen.

Yksinkertaisena esimerkkinä tästä kuvittele tilanne, jossa teet virheen. Ensimmäinen ajatuksesi saattaa olla: "Olenpa tyhmä!" Syytät itseäsi tai kuuntelet syyttäjää. Pyhä Henki sen sijaan tunnistaa myös, että teit virheen, mutta hän muistuttaa, että se ei tee *sinusta* tyhmää. Itsesäälissä vellomisen sijaan saat ottaa vastuun virheestäsi ja iloita mahdollisuudesta oppia ja kasvaa. Identiteettisi Jeesuksen pyhänä ei muutu, vaikka käytöksessäsi olet vielä oppimismatkalla. Jumala *iloitsee* kasvustasi eikä tunne turhautumista, ärsyyntymistä eikä häpeää, vaikka välillä kulkisit eteenpäin hoipertelevin askelin.

## Sota on mielessämme

*"Kuin kaupunki, jonka muurit ovat hajalla, on mies, joka ei mieltään hillitse" (Sananlaskut 25:28).*

Sekä Jumalan, että saatanan puhe voi tuntua meidän omilta ajatuksilta. Ajatuksemme ovat äärimmäisen tärkeitä, sillä ne tuottavat lopulta puheemme ja tekomme. Silloin, kun ajattelemme Jumalan mielen mukaisella tavalla, se näkyy kaikessa, mitä olemme ja teemme. Vihollinen tietää tämän myös ja siksi mielemme on kenttä, jolla taistelu käydään. Tämän vuoksi on tärkeintä valvoa omia ajatuksia. Läpi hänen kirjeidensä, Paavali kehottaa meitä olemaan hereillä sen suhteen, mitä mielessämme liikkuu.

Me suojelemme mieltämme ottamalla kiinni ajatukset, jotka eivät ole linjassa Jumalan sanan kanssa ja korvaamme ne totuudella. Paavali kirjoittaa Korintin seurakunnalle seuraavan voimallisen neuvon: "Vaikka elämmekin lihassa, emme kuitenkaan sodi lihan mukaan, sillä meidän sota-aseemme eivät ole lihallisia, vaan ne ovat voimallisia Jumalan avulla kukistamaan linnoituksia. Me hajotamme maahan järjen päätelmät ja jokaisen varustuksen, joka nostetaan Jumalan tuntemista vastaan. Me vangitsemme jokaisen ajatuksen kuuliaiseksi Kristukselle." (2. Kor. 10:3–5.)

Meillä on vastuu omista ajatuksistamme. Kun tunnistat ajatuksen, mikä ei ole linjassa Jumalan sanan kanssa, joka ei tuo elämää eikä rakenna, ota se kiinni: Älä jää pyörittelemään tätä ajatusta, viihdyttämään sitä päässäsi, tai ruokkimaan sitä lisää. Tuo se Jeesukselle ja kysy mitä mieltä hän siitä on. Laulujen lauluissa (2:15) on osuva vertauskuva pikku ketuista, jotka on napattava ennen kuin ne tuhoavat viinitarhan. Ota kiinni pienikin vääristynyt ajatus ja täytä mielesi sen sijaan totuudella, sillä, mitä Jeesus sanoo. Hengessä ei ole välimaastoa, ei yhtään neutraalia tilaa. Lihan ajatukset sotivat Jumalaa vastaan (Room. 8:7). Me saamme kaikessa valita, uskommeko sen, mitä liha, maailma tai saatana puhuu, vai kuuntelemmeko hyvän Isän, Jumalan ääntä. Tässäkin Pyhä Henki auttaa meitä!

*"Sitten vielä, veljet, kaikki mikä on totta, mikä kunnioitettavaa ja oikeaa, mikä puhdasta, rakastettavaa ja hyvältä kuulostavaa, jos on jokin hyve ja jotakin kiitettävää, sitä ajatelkaa. Mitä myös olette minulta oppineet ja saaneet, mitä minulta kuulleet ja minusta nähneet, sitä tehkää, niin rauhan Jumala on oleva teidän kanssanne." (Filippiläiskirje 4:8–9.)*

**Sovellus omaan elämääsi:**

*Millä tavalla Jumala puhuu sinulle?*

*Mitä olet viimeksi kuullut hänen sanovan?*

*Pyydä, että Pyhä Henki palauttaa mieleesi Jumalan sanoja, jotka saatana on päässyt varastamaan ja kirjoita ne ylös.*

*Kirjoita ylös Jumalan lupauksia sinun elämällesi, ne voi nousta myös Raamatusta. Seuraavan viikon ajan lue nämä sanat joka päivä ja julista niitä näkyväksi, kiitä Jumalaa hänen uskollisuudestaan.*

*Anna Pyhälle Hengelle lupa osoittaa sinulle, missä hän haluaa, että opettelet ajattelemaan toisin. Onko mielessäsi ajatuksia, joiden tunnistat olevan tuhoisia?*

# Luku 7:
# Romanssiin Jumalan kanssa

*"Vedä minut mukaasi, rientäkäämme! Kuningas on vienyt minut huoneisiinsa. Me riemuitsemme ja iloitsemme sinusta, me ylistämme rakkauttasi paremmaksi kuin viini! Syystä sinua rakastetaan." (Laulujen laulu 1:4.)*

## Romanssiin Jumalan kanssa

Puhuttaessa suhteesta Jumalaan, on tärkeää muistaa, että Jumala *haluaa* suhteen sinuun. Suhde sinun ja hänen välillä oli hänen ideansa, se oli hänen mielessään jo ennen kuin hän loi sinut, ja hän maksoi kalleimman hinnan, jotta tämä suhde olisi mahdollinen. Jumala janoaa olla lähelläsi, ja vuodattaa rakkautensa sinuun. Hän tavoittelee sinua ensin ja tulet hänen luokseen, koska hän kutsuu. Koska Jumala on investoinut kaikkensa sinuun, älä ikinä ajattele, että Jumala ei olisi lähellä, että hänellä ei olisi sinulle aikaa, että hän ei olisi kiinnostunut sinusta. Hän haluaa sinut enemmän, kuin sinä haluat hänet. Jumala on täysin sitoutunut sinuun ja on aina valmis kohtaamaan sinut.

# Jumala rakastajana

Tunsin Jumalan pitkään ennenkaikkea isänä. Jumalan isyys onkin ihmeellistä, ja uskon, että saamme ymmärtää sitäkin syvemmin koko elämämme ajan. Jumala oli minulle myös ystävä ja tiedostin, että Jeesuksen tavoin minutkin on kutsuttu tekemään Isäni tekoja, yhdessä hänen kanssaan. Se, että saa tehdä Jumalan tekoja on suurin kunnia, mitä kuvitella voi. Olisi parempi olla Jumalan orja, kuin luulla olevansa vapaa ilman häntä. Ja silti, Jumala meni kanssamme paljon pidemmälle: hän antoi meille perillisen aseman ja me olemme Jumalan lapsia! Raamattu puhuu seurakunnasta myös Jeesuksen morsiamena. Jotain jumalasuhteessani sukelsikin uusiin syvyyksiin tutustuessani häneen rakastajana, sulhasenani, kihlattunani. Tajunta räjähtää, kun saa maistaa edes pisaran Jumalan rakkaudesta! Jumala on palavasti rakastunut myös sinuun.

En tiedä minkälaisia ajatuksia ja tuntemuksia sinussa herää, kun ajattelet Jumalaa rakastajana. Voi olla, että et edes haluaisi näitä kahta sanaa samaan lauseeseen. Voi olla, että ajatus on kaunis, mutta et oikein saa siitä henkilökohtaisesti kiinni. Tai ehkä sydämesi resonoi täysin ajatuksen kanssa intohimoisesti rakastavasta Jumalasta. Jumala todellakin on intohimoinen rakastaja. Mustasukkaisuuteen asti hän haluaa meidät (Jaakob 4:5)! Jumalan sydän sykkii intiimille suhteelle. Hän haluaa, että tunnemme

hänen sydämensä, rakastamme häntä ja viivymme hänen läsnä-
olossaan ilman kiirettä jonnekin muualle. Luukkaan evankeliu-
missa on kertomus kahdesta sisaresta, mikä kuvaa Jumalan asen-
netta tällaiselle syvälle yhteydelle:

*"Heidän (Jeesuksen ja opetuslasten) vaeltaessaan eteenpäin
Jeesus tuli erääseen kylään. Muuan nainen, nimeltään
Martta, otti hänet luokseen. Martalla oli sisar, jonka nimi
oli Maria. Tämä asettui istumaan Herran jalkojen juureen
ja kuunteli hänen puhettaan. Martta taas ahersi palvellen
vieraita monin tavoin. Hän meni Jeesuksen luo ja sanoi:
'Herra, etkö lainkaan välitä siitä, että sisareni on jättänyt
minut yksinäni palvelemaan vieraita? Sano hänelle, että
hän auttaisi minua.' Mutta Herra vastasi: 'Martta, Martta,
sinä huolehdit ja hätäilet monista asioista, mutta vain yksi
on tarpeen. Maria on valinnut hyvän osan, eikä sitä oteta
häneltä pois.'"* (Luuk. 10:38–42.)

Jumala haluaa olla valittu ja priorisoitu. Mistä ajattelet oman
kaipuusi olla rakastettu kumpuavan? Meidät luotiin Jumalan ku-
vaksi. Ajattele miestä, joka haluaa itselleen kihlatun. Mies on
valmis erottamaan itsensä sulhaseksi, mutta haluaa vaimon, joka
valitsee hänet omasta tahdostaan ja sitoutuu vain häneen. Avio-
liitto on varjokuva seurakunnan suhteesta Jeesukseen. Se on kau-
nis kuva siitä suhteesta, jonka Jumala meidän kanssamme haluaa.

Jokaisen suhde Jumalaan on ainutlaatuinen, heidän kahden näköinen ja intiimi. Meillä voi olla Jumalan kanssa asioita, joista vain me tiedämme, salaisuuksia kahden rakastavaisen välillä. Myös kommunikointi on suhteelle ominaista. Läheisissä suhteissa täydennetään toisen lauseita ja usein vain katse riittää kertomaan, mitä toinen tarkoittaa. Intiimissä suhteessa tunnetaan toinen toisensa lähes läpikotaisin, mutta siinä ei myöskään ikinä kyllästytä tutustumaan toiseen syvemmin. Puolisoiden välinen suhde on elämän tärkein ihmissuhde ja ensimmäinen prioriteetti muiden ihmissuhteiden keskellä. Jumalasuhteemme on elämämme kaikkein tärkein suhde.

## Pako salaiseen paikkaan

Mietit ehkä, miten olla suhteessa Kaikkivaltiaan kanssa? Miltä se käytännössä näyttää ja miten sen voi aloittaa tai miten sitä voi syventää? Mieti yhtä suhdetta jonkun ihmisen kanssa. Mitä täytyy tapahtua, jotta suhde toimii? Yhteinen aika ja toimiva kommunikaatio ovat perusteita ja niiden vaaliminen ei lopu koskaan. Lähde siis liikkeelle siitä, että erotat aikaa Jumalalle tarkoituksenmukaisesti ja säännöllisesti. Raivaa tilaa kalenteristasi ja etsi sellainen paikka, jossa voit keskittyä häneen. Me emme ole yksin vastuussa suhteesta Jumalaan, kuten sanoin, hänkin haluaa sitä! Hänen fokus on aina sinussa. Vain meidän vastuulla on kuitenkin nähdä vaiva priorisoida aikaa Jumalalle ja vastavuoroisesti pitää meidän fokuksemme hänessä.

Jeesus mallinsi meille suhteen Isään. Vaikka Jeesus oli täysin Jumala, hän valitsi ottaa täysin ihmisen muodon. Jeesus on meidän kaunis esimerkki elämästä niin lähellä Isää, että kaikki hänen tekonsa olivat itseasiassa Isän tekoja. Hän ei tehnyt mitään erillään Isästä, vaikka oli tullut ihmiseksi. Miten Jeesus pystyi tähän? Raamattuun on tallennettu monta kohtaa, joissa kerrotaan Jeesuksen vetäytyneen yksinäisyyteen ollakseen Isän kanssa (Matteus 14:13, 14:23, Markus 6:46, Luuk. 4:42, 5:16). Jeesus heräsi varhain, kun oli vielä pimeää, ja meni autioon paikkaan rukoillakseen (Mark. 1:35). Hän valvoi läpi koko yön ja rukoili (Johannes 8:1). Jeesus rakasti ihmisiä ja vietti paljon aikaa ihmisten kanssa, mutta hän priorisoi myös salaisen paikan, sen paikan, missä hän etsi Jumalaa ja oli tämän kanssa yksin.

Uskon, ettei Jeesus rukoillut vain yksinäisyydessä. Hän vetäytyi tietoisesti Isän läsnäoloon ilman häiriöitä, mutta hän oli varmasti yhteydessä Isään koko ajan, vaikka olisi ollut väkijoukon ympäröimänä. Samoin on meidän kohdalla. Me saamme tiedostaa Isän läheisyyden aina ja kaikkialla, mutta on tärkeää erottaa erityistä aikaa hänen kohtaamiselle. "Kun sinä rukoilet, mene kammioosi, sulje ovesi ja rukoile Isääsi, joka on salassa. Isäsi, joka salassa näkee, palkitsee sinut" (Matt. 6:6). Meillä on aina pääsy Isän eteen! Jeesus ei olisi mallintanut meille mitään sellaista, mitä emme voisi opetella tekemään samoin. Me saamme vuodattaa Jumalalle meidän sydämemme. Psalmeista löytyy paljon esimerkkejä siitä, miten Jumalan edessä saa olla raa'an rehellinen. Suosittelen tätä! Jumalan edessä ei ole mitään järkeä pitää yllä kulisseja tai maskeja, hän tuntee meidät sisintämme myöten ja me menetämme siinä itse. Ihmeellisimmät hetkeni Jumalan kanssa ovat ne, jolloin olen aidoimmillani hänen edessään ja valitsen katsoa häneen kaikesta huolimatta.

Jeesus esitti seuraavan vertauksen muutamille, jotka olivat vakuuttuneita omasta vanhurskaudestaan ja halveksivat muita. Oli kaksi miestä, jotka menivät temppeliin rukoilemaan. Toinen heistä oli fariseus, uskonnollinen johtaja, ja toinen publikaani, Rooman valtakunnan palveluksessa oleva veronkantaja. Fariseus asettui seisomaan ja rukoili itsekseen näin: "Jumala, minä kiitän sinua, etten ole sellainen kuin muut ihmiset, riistäjät, väärämieliset, huorintekijät, en myöskään sellainen kuin tuo publikaani. Minä paastoan kahdesti viikossa ja annan kymmenykset kaikesta, mitä ansaitsen." Publikaani sen sijaan seisoi taempana eikä edes kohottanut katsettaan taivasta kohti vaan löi rintaansa sanoen: "Jumala, ole minulle syntiselle armollinen." Jeesus sanoi, että hän meni kotiinsa vanhurskautettuna, mutta fariseus ei. (Luuk. 18:9–14). Kun emme yritä ylläpitää Jumalan edessä mitään omaa standardia, vaan tulemme sellaisena, kuin olemme, saamme todella kohdata hänet ja hänen hyvyytensä. Hänen rakkautensa peittää kaiken, aina (1. Pietarin kirje 4:8). Me saamme valita ottaa rakkauden vastaan, antaa sen tulvia sisimpäämme. Se on taivaan suudelma, mikä muuttaa meitä sisältä ulos.

## Loputon salainen paikka

Salainen paikka on paikka, missä voi kohdata Jumalaa yksin. Vaikka puhun erillisestä paikasta viettää Jumalan kanssa laatuaikaa, haluan muistuttaa, että Jumala on kanssamme koko ajan, sillä meidän henkemme on yhtä hänen Henkensä kanssa. Hän asuu meidän sydämessä, eikä ole lähdössä sieltä minnekään. Hän ei ikinä hylkää meitä ja vaikka me olisimme uskottomia, hän pysyy uskollisena (Matt. 28:20, 2. Timoteuksen kirje 2:13). Hän puhuu koko ajan ja kaiken kautta. Salaisen paikan tarkoitus on kuin päivittäiset treffit Jumalan kanssa. Puolisotkin erottavat toisilleen erityistä laatuaikaa, vaikka näkevät ja kommunikoivat päivän mittaan muutenkin. Treffeillä jaetaan salaisuuksia, joista ei julkisissa kulkuneuvoissa puhuttaisi. Salaisessa paikassa Jumalan sydämeen ehtii tutustua syvemmin ja siellä oppii tuntemaan Jumalan äänen, sen miten hän puhuu meille kullekin. Mitä tutumpi Jumalan ääni on, sitä herkemmin sen kuulee hälinässäkin. Salaisessa paikassa voi myös keskittyä lukemaan Jumalan sanaa, uppoutua siihen syvälle. Salaisessa paikassa me saamme vuodattaa rakkautemme Jumalaan ja antaa hänelle sen häiriöttömän huomion, kunnian ja ylistyksen, minkä hän ansaitsee.

Arjen keskellä yksi salainen paikkani on vessa. Hassua ehkä? Minusta on ihanaa, että maailman kaikkeuden Luoja, pyhä Jumala hengailee kanssani vessassakin! Ei ole mitään paikkaa eikä mitään tilannetta, missä Jumala ei meitä kohtaisi. Mutta miksi WC? Se on henkilökohtainen paikka, jossa muistaa pysähtyä päivän mittaa. Vessatauonkin voi viettää Jumalan kanssa, yksinkertaisesti ihailemalla Jeesuksen kasvoja. Työpäivän keskellä olen vessassa etsinyt Jumalan perspektiiviä tekemiseeni ja tilanteisiin, ja tullut erilaisena ulos. Jumalan läsnäolo muuttaa meitä aina. Kotonakin kylpyhuone on häiriövapaa alue, missä on helpompi keskittyä. Kylpyhuoneen lattialla voi tapahtua mitä suurimpia asioita, kun ihminen kohtaa Jumalan. Salainen paikka voi myös olla lempipaikkasi. Maailman kaunein paikka, jonne kutsut Jumalan jakamaan hänen sydämestään ja jossa jaat hänelle omastasi. Salainen paikka voi olla mielikuvituksessasi. Kun suljet silmäsi, missä kohtaat Jumalan? Tämä erityinen paikka voi olla myös hälyn keskellä, esimerkiksi ruuhkassa. Mikä on sinun salainen paikkasi? Etsi itsellesi treffipaikka Jeesuksen kanssa!

Jumala ei jää salaiseen paikkaan. Jumalasuhteemme ja sen myötä koko elämämme muuttuu, kun emme erota häntä mistään mitä teemme, emmekä mistään paikasta, jossa olemme. Hän on siinä, kun nukut, kun heräät, kun puet ja juot aamukahvin tai teen tai mitä ikinä aamuisin juotkaan. Sinun ei tarvitse pälyillä taivaalle etsien häntä, hän on sisälläsi! Sinä olet kätketty Jeesukseen ja Jeesus on tullut sisimpääsi pysyvästi, hän on tehnyt ikuisen liiton kanssasi, eikä hän ikinä jätä sinua. Minne tahansa menet ja mitä sitten teetkin, sinä kannat kirkkauden kuningasta ja hänen Henkensä on sinussa. Me saamme aina kasvaa tiedostamaan tämän yhä selvemmin, jotta Pyhä Henki voi virrata kauttamme vapaammin. Kaikki, mitä meistä näkyy ulospäin, on ensin tapahtunut sisällämme. Kaikki, mikä tunnistetaan julkisesti, on hioutunut salassa.

*"Rakkaani sanoi minulle: 'Nouse, ystäväni, kaunokaiseni, ja tule! . . . Kyyhkyseni, kallionkoloissa, pengermien kätköissä: näytä minulle kasvosi, anna minun kuulla äänesi, sillä äänesi on suloinen ja kasvosi ovat ihanat.'"* (Laul. l. 2:10, 14.)

## Just show up

Kun aloitin etsimään Jumalaa tarkoituksenmukaisesti, muistan pelänneeni, että Jumala ei ehkä tulekaan paikalle tai, että varatessani esimerkiksi tunnin Jumalalle, tylsistyn. Pelkäsin lisäksi, että ellen suoriudu "kuten kuuluu", en kohtaisi Jumalaa. Lähestyin näitä hetkiä tekemisen kautta. Aikani Jumalan kanssa oli aina jollain tavalla tuotteliasta ja mitattavaa. Kuinka paljon luin Raamattua ja mitä kirjoitin päiväkirjaani? Tästä kuitenkin seurasi ajan mittaa se, että jos olin väsynyt, jos koin, että en sillä hetkellä jaksanut viihdyttää sekä itseäni että Jumalaa, en pysähtynyt Jumalan läsnäoloon. Kokemukseni oli, että minun täytyy omalla käytökselläni vaikuttaa siihen, että Jumala haluaa olla kanssani. Sydämeni janosi kohdata elävää Jumalaa, mutta en uskonut, että Jumala kohtaa minua, ellen aktiivisesti tee jotain konkreettista toimintaa sen eteen. Niinpä väsyneenä katsoin mieluummin esimerkiksi elokuvan tai soitin ystävälle.

Tähän tilanteeseen Jumala puhui yksinkertaiset sanat, jotka muuttivat perspektiiviini. Hän sanoi vain, etten ole vastuussa siitä, mitä hänen läsnäolossaan tapahtuu, hän on. Minun ainoa vastuuni on tulla paikalle. Tämä ajatus mursi suorittamista, mitä olin itseltäni vaatinut suhteessa Jumalaan. Hän kutsui minua yksinkertaisesti uskomaan, että hän tulee aina paikalle. Itse asiassa ilman uskoa on mahdotonta olla Jumalalle mieluinen, "sillä sen, joka tulee Jumalan luo, täytyy uskoa, että Jumala on ja että hän palkitsee ne, jotka häntä etsivät" (Heprealaiskirje 11:6). Erottaessamme aikaa Jumalalle, saamme uskoa, että kohtaamme hänet ja että tämä kohtaaminen kantaa hedelmää. Kun lähestymme Jumalaa, saamme olla varmoja, että hän on jo siinä, hän on ensin lähestynyt meitä. Hänen sylinsä on aina avoinna, hänen silmänsä loistavat rakkautta. Nämä silmät etsivät maan päältä ihmisiä, jotka katsovat häneen. Ja keneen tahansa, joka katsoo häneen, hän on valmis vuodattamaan lisää!

*"Minä saan katsella sinun kasvojasi vanhurskaudessa, herätessäni ravita itseni sinun muotosi katselemisella"* (Psalmit 17:15).

Jumalan läsnäolon vaikutusta ei voi mitata tunteiden mukaan. Tuntuipa siltä, että tapahtuu paljon tai siltä, ettei tapahdu mitään, me muutumme aina, kun olemme Jumalan kanssa ja aina, kun vietämme aikaa hänen sanassaan (2. Korinttilaiskirje 3:18). Jumalaa ei itse asiassa haittaa katsoa kanssani elokuviakaan. Hän haluaa kuitenkin olla se, kenen kainaloon käperryn väsyneenäkin. Voimme katsoa elokuvatkin yhdessä, kunhan en täytä sisintäni jollain muulla kuin hänellä tai etsi lepoa hänen ulkopuolelta. Hän on mustasukkainen sydämestäni ja hän haluaa olla elämäni ensimmäinen rakkaus. Moni asia, mikä ennen tuntui taakalta, koska siihen liittyi suorittamista, millä yritin omassa voimassa saada aikaan jotain, on nykyään kevyempää ja minun iloni. Sydämeni on muuttunut. Jeesuksen ies on kevyt kantaa! Mitä enemmän ymmärrän, että olen Jumalalle rakas, pelastunut armosta ja olen mitä olen Jeesuksen ansiosta, sitä vapaampi olen ja sitä enemmän janoan olla Jumalan läsnäolossa, kuulla hänen ääntänsä, katsella hänen kasvojansa ja lukea hänen sanaansa. Uskonnollisuuden vaatimus ei puske minua eteenpäin, vaan rakkaus kutsuu syvemmälle.

# Tunne Jeesus itse

"Taivasten valtakunta on verrattavissa kymmeneen morsiusneitoon, jotka ottivat lamppunsa ja lähtivät sulhasta vastaan. Viisi heistä oli tyhmää ja viisi viisasta. Tyhmät ottivat lamppunsa mutta eivät ottaneet öljyä mukaansa. Viisaat sitä vastoin ottivat lamppujensa lisäksi astiat, joissa oli öljyä. Sulhasen viipyessä he kaikki tulivat unisiksi ja nukkuivat. Mutta keskellä yötä kuului huuto: 'Sulhanen saapuu! Menkää häntä vastaan!' Silloin kaikki nuo neidot heräsivät ja panivat lamppunsa kuntoon. Tyhmät sanoivat viisaille: 'Antakaa meille öljyänne, sillä meidän lamppumme sammuvat.' Mutta viisaat vastasivat: 'Emme voi! Ei se riitä meille ja teille. Menkää myyjien luo ja ostakaa itsellenne.' Mutta kun he olivat lähteneet ostamaan öljyä, sulhanen tuli. Ne, jotka olivat valmiit, menivät hänen kanssaan häihin, ja ovi suljettiin. Myöhemmin toisetkin neidot tulivat ja sanoivat: 'Herra, Herra, avaa meille!' Mutta hän vastasi: 'Totisesti minä sanon teille: minä en tunne teitä.'" (Matt. 25:1–12.)

Jeesus opetti paljon vertauskuvien kautta. Vertauskuva morsiusneidoista herättelee meitä etsimään Jeesusta itse. Ei riitä, että tunnemme häntä toisten ihmisten puheiden perusteella. Me voimme hämääntyä luulemaan, että meillä on läheinen suhde Jeesuksen kanssa, jos elämme lähellä ihmisiä, joilla on intiimi suhde hänen kanssaan. Me voimme kuulla ja tietää hänestä paljon, mutta olla silti todella tuntematta häntä. Me voimme jopa uskoa häneen todella tuntematta hänen sydäntään ja luonnettaan. Meidän täytyy tuntea hänet omakohtaisesti ja jatkaa hänen etsimistään läpi koko elämämme. Jokaisen on kuljettava oma matkansa Jumalan kanssa, jotta yhteistä historiaa syntyy.

Vertauskuvan öljy on puristunut salaisessa paikassa ja ilman öljyä, me emme pysty kulkemaan pitkälle. Öljy on usein vertauskuva Pyhästä Hengestä. Pyhä Henki annetaan meille lahjana, kun synnymme uudesti. Silti Raamattu kehottaa meitä täyttymään Hengellä jatkuvasti. (Apostolien teot 2:2, 4:31, 13:52.) Me tarvitsemme Hengen täyteyttä, jotta pystymme kulkemaan niissä hyvissä teoissa, joita varten meidät on valmistettu (Efesoloaiskirje 2:10). Toisin sanoen, jotta elämme Jeesuksen täyteydessä, me tarvitsemme hänen Henkensä täyteyttä. Tarvitsemme sitä, että Jumalan Henki, joka kyllä koko ajan on meidän sisimmässämme, vaikuttaa myös meidän sieluumme (ajatuksiimme, tahtoomme, tunteisiimme) ja kehoomme, jotta meidän koko olemuksemme on täynnä Henkeä.

Me voimme olla niin sanotusti tulessa Jeesukselle, täynnä intoa ja energiaa etsiä häntä ja elää hänen tahdossaan. Ja se onkin meidän kutsumme – elää niin, että hänet tunnetaan meidän elämämme kautta. Tuli palaa, kunhan öljyä riittää, mutta ilman öljyä, meidän tulemme palaa loppuun, miten iso tahansa se onkaan joskus ollut. Me kasvamme uskossa ja meistä kuuluu tulla kypsempiä, mutta asia, josta emme ikinä "kypsy pois", on salaisen paikan tärkeys. Me emme ikinä ole tarpeeksi kypsiä, etteikö meidän tarvitsisi etsiä Jeesuksen kasvoja, kuulla hänen ääntään ja priorisoida intiimiä suhdetta häneen. Me olemme Jeesuksen morsian, joka ikävöi sulhastaan. "Henki ja morsian sanovat: 'Tule!' Joka kuulee, sanokoon: 'Tule!' Ja joka janoaa, tulkoon, ja joka tahtoo, ottakoon lahjaksi elämän vettä." (Ilmestyskirja 22:17.) Jeesus on aina meidän saatavillamme, hän on niin lähellä! Hän on aina valmis kohtaamaan meidät, eikä hän aja ketään luotaan pois. Hänen sydämensä on auki, ja me saamme painautua niin lähelle häntä, kuin ikinä tahdomme!

*"Rakkaani on minun ja minä hänen..." (Laul. l.. 2:16)*

### Sovellus omaan elämääsi:

*Mikä on salainen paikkasi?*

*Minkä täytyy ehkä muuttua, jotta pystyt erottamaan Jumalalle päivittäin häiriötöntä aikaa?*

*Tunnistatko jumalasuhteeseesi luikerrelleen omavoimaista suorittamista?*

*Mitä Jeesus tähän kohtaan sinulle puhuu?*

# Luku 8:
# Tulkoon sinun valtakuntasi

*"Tämä on se rohkea luottamus, joka meillä on häneen: jos me anomme jotakin hänen tahtonsa mukaan, hän kuulee meitä. Ja jos kerran tiedämme hänen kuulevan meitä, mitä tahansa anommekin, tiedämme myös, että meillä on kaikki, mitä olemme häneltä anoneet."* (1. Johanneksen kirje 5:14–15.)

## Tulkoon sinun valtakuntasi

Yksi avaintekijä Jumalasuhteessamme on rukous. Me saamme kiittää opetuslapsia heidän nälästä ymmärtää! He nimittäin kysyivät Jeesukselta, miten rukoilla ja nyt me saamme pohtia Jeesuksen vastausta. "Rukoilkaa te siis näin: Isä meidän, joka olet taivaissa! Pyhitetty olkoon sinun nimesi. Tulkoon sinun valtakuntasi. Tapahtukoon sinun tahtosi myös maan päällä niin kuin taivaassa. Anna meille tänä päivänä meidän jokapäiväinen leipämme. Ja anna meille meidän velkamme anteeksi, niin kuin mekin annamme anteeksi meidän velallisillemme. Äläkä saata meitä kiusaukseen, vaan päästä meidät pahasta. [Sillä sinun on valtakunta ja voima ja kunnia iankaikkisesti. Aamen.]" (Matteus 6:9-13.)

Koska rukouksen ydin on yhteys Jumalan kanssa, ja rukous on keskustelua hänen kanssaan, en usko, että Jeesus on tarkoittanut meidät rukoilemaan pelkästään tätä, aina näillä sanoilla. Jeesuksen opettama rukous on kuitenkin voimallinen ja siihen kannattaa perehtyä, uudelleen ja uudelleen. Vaikka osaisit tämän rukouksen ulkoa ja olisit toistanut sitä läpi elämäsi, tutki sitä kanssani silti. Uskon, että tämä rukous mallintaa tiettyjä periaatteita, jotka voimme pitää mielessä aina, kun lähestymme Jumalaa ja rukoilemme.

Jeesus aloittaa sanoilla: *"Isä meidän"*. Ennen yhtäkään sanaa Jumalalle, me saamme muistaa kenelle itseasiassa puhumme. Hän on Isä! Hän rakastaa meitä, hän on saatavilla, hän haluaa kuulla äänemme. Ja koska hän on Isä, me saamme muistaa, että me olemme lapsia. Me saamme tulla lähelle, hypätä Isin syliin, avata sydämemme, pyytää rohkeasti. Meillä on lapsen asema suhteessa Isään. Rakastan myös tätä, että Jeesus ei opettanut meitä rukoilemaan "minun Isä", vaan "meidän"! Me emme ole koko universumin keskipiste. Tunnistan usein ajatusteni pyörivän oman napani ympärillä ja tällöin myös rukoukseni liittyvät paljon omaan elämääni. Ja vaikka saankin tuoda kaiken Isän eteen, elämässä on kyse myös paljon minua suuremmasta!

Jeesus jatkaa: *"Joka olet taivaassa"*. Isä istuu taivaan valtaistuimella, kuten nyt Jeesuskin. Hän hallitsee, eikä tipahda valtaistuimeltaan ikinä. Hän on myös Pyhän Henkensä kautta meissä, ja meidät on hengessä asetettu taivaallisiin Jeesuksen kanssa. Tämä antaa meille perspektiiviä! Kun rukoilemme, saamme muistaa, että Isä on nostanut meidät korkeammalle, yli sen, mitä tällä hetkellä näemme ja miten olosuhteemme koemme, katsomaan taivaan perspektiivistä ja rukoilemaan siitä käsin. Jeesuksen omina ja hänen nimessään meillä on auktoriteetti rukoilla ja rukouksemme saavat paljon aikaan (Jaakob 5:16).

*"Pyhitetty olkoon sinun nimesi."* Kun me tulemme Isän eteen, me saamme kiittää häntä siitä, kuka hän on. Ylistys on kuin suurennuslasi: se, mitä katsomme suurenee. Meidän ei kannata tulla oma agenda edellä, pyyntölista kädessä, tai katse haasteissa. Kun olemme Isän edessä, katsomme häneen. Ihailemme Jeesusta! Hänen täytettyä työtään, voittoaan ja täydellisyyttään. Ylistämme ja kiitämme häntä, sillä hän on sen arvoinen aina. Ylistys on meidän reaktiomme siihen, kuka Jumala on. Ylistä koko olemuksellasi, kaikella, mitä sinussa on –laulaen, soittaen, tanssien, polvistuen, maassa maaten antautuen... Ylistys on valinta ja voimme valita ylistää, vaikka olosuhteet olisivat minkälaiset tahansa!

*"Kohottakaa riemuhuuto Herralle, kaikki maa! Palvelkaa Herraa iloiten, tulkaa hänen kasvojensa eteen riemuiten. Tietäkää, että Herra on Jumala. Hän on meidät tehnyt, ja hänen me olemme, hänen kansansa ja hänen laitumensa lampaat. Tulkaa hänen portteihinsa kiittäen, hänen esipi-*

*hoihinsa ylistäen. Kiittäkää häntä, ylistäkää hänen nimeään, sillä Herra on hyvä. Hänen armonsa pysyy ikuisesti ja hänen uskollisuutensa polvesta polveen."* (Psalmit 100.)

*"Tulkoon sinun valtakuntasi."* Millainen on Jumalan valtakunta? Se on kuningaskunta, jossa Kuningas hallitsee ja hänen tahtonsa tapahtuu. Meidän tehtävämme on tuoda taivaan valtakunta maan päälle. Mitä tämä tarkoittaa? Meidän elämämme on tarkoitus näyttää aina enenevässä määrin samalta kuin taivas, sillä meidän elämämme kautta Jumalan hyvä tahto tapahtuu täällä, niinkuin se jo tapahtuu taivaassa. Rakkaus voittaa, rauha hallitsee, perheissä on yhteys, sairaat parannetaan, ihmiset vapautetaan ja kuolleet herätetään elämään. Me tunnemme Jeesuksen ja meidän kauttamme hän tulee tunnetuksi. Ikuinen elämä on sitä, että tunnemme hänet. Ajattele, miten kutkuttavaa, että meidän ei tarvitse odottaa tämän elämän päättymistä, jotta saamme kokea ikuisen elämän, vaan saamme jo nyt käyttää jokaisen päivämme tunteaksemme hänet, joka on ikuinen elämä. Jumalan valtakunta tulee maan päälle sen kautta, että se saa ensin tilaa meissä.

Jumala on kuningas, mutta hän ei ole tyranni, eikä hänen tahtonsa automaattisesti tapahdu aina maan päällä. Siksi me yhä rukoilemme: *"Tapahtukoon sinun tahtosi".* Aivan kuten Jumala loi sanallaan kaiken, hän edelleen luo uutta sanansa voimalla. Me saamme tehdä yhteistyötä hänen kanssaan ja rukoilla hänen tahtonsa tapahtumista. Jotta me voimme julistaa Jumalan tahtoa maan päällä, meidän tulee ensin tuntea hänen tahtonsa. Ja jotta tunnemme hänen tahtonsa, meidän täytyy tuntea hänet, kuulla hänen sydäntänsä. Rukouksen kautta voimme kokea sitä, mikä liikuttaa häntä. Meidän täytyy painautua lähelle häntä, jotta kuulemme hänen kuiskauksensa. Mikäli koemme, ettei meillä ole viisautta rukoilla, me saamme pyytää sitä, ja Jumala on luvannut antaa ketään soimaamatta (Jaak. 1:5). Meillä on usein paljon asiaa Jumalalle, mutta muistakaamme, että hän myös haluaa puhua meille. Maailman kaikkeuden Luoja haluaa pysähtyä kohdallemme ja puhua meille! "Minkä minä sanon teille pimeässä, se puhukaa päivänvalossa. Ja minkä kuulette kuiskattavan korvaanne, se julistakaa katoilta" (Matt. 10:27). Minkä kuulemme salaisessa kammiossamme, sen me voimme julistaa ääneen! Sen me saamme vapauttaa olemaan totta rukouksen kautta.

Bill Johnson sanoo osuvasti, että me emme pysty tekemään mitään ilman Jumalaa, mutta Jumala ei tee mitään ilman yhteistyötä lastensa kanssa, vaikka hän pystyisikin. Jumala on antanut maan ihmisille. Meidän aikamme maan päällä on siis merkityksellistä ja meidän tulee olla viisaita sen ajan kanssa, jonka olemme saaneet. "Katsokaa siis tarkoin, kuinka vaellatte: ei niin kuin tyhmät vaan niin kuin viisaat. Käyttäkää aikanne oikein, sillä nämä päivät ovat pahoja. Sen tähden älkää olko järjettömiä, vaan ymmärtäkää, mikä on Herran tahto." (Efesolaiskirje 5:15–17.) Me usein odotamme Jumalan toimivan, mutta entä jos Jumalakin odottaa, että me, hänen lapsensa, ymmärrämme keitä me olemme! Kun käyttäydymme sen mukaan, tuomme taivasta maan päälle.

*"Anna meille tänä päivänä meidän jokapäiväinen leipämme."* Jumalalta tulee kaikki huolenpito. Hän on luvannut pitää meistä huolta, ja hän tietää, mitä tarvitsemme, jo ennen kuin pyydämme. Jeesus sanoo myös, että meillä ei ole, koska emme pyydä. Ihana pieni jännite, eikö? Uskon, että hän rakastaa sitä, että pyydämme, koska Jumalan sydämessä on niin täysin kyse yhteydestä! Ja tässä jälleen ei pyydetä leipää vain itselleen, vaan meille kaikille. Jeesus sanoo, että puhdasta ja tahratonta jumalanpalvelusta Jumalan ja Isän silmissä on käydä katsomassa orpoja ja leskiä heidän ahdingossaan (Jaak. 1:27). Me saamme kuunnella, jospa Jeesus kutsuu meitä olemaan vastaus tähän rukoukseen jollekin toiselle. Lisäksi saamme muistaa, että meidän päivittäinen leipämme ei ole vain ruoka, vaan myös Jumalan puhe (Matt. 4:4). Me saamme pyytää joka päivä tuoreita sanoja häneltä, joka on elämän leipä (Joh. 6:35). Hänen jokainen sanansa ravitsee meitä (2. Timoteuksen kirje 3:16).

*"Ja anna meille meidän velkamme anteeksi, niin kuin mekin annamme anteeksi meidän velallisillemme."* Jumalan mielenmukaista on myös varjella oma sydän (Jaak. 1:27). Yksi tapa pitää sydän pehmeänä on varmistaa, ettei yhtään anteeksiantamattomuutta tai katkeruutta ala pesiä sen yhdessäkään sopukassa. Rukous on kuin läpivalaisu, jonka kautta Pyhä Henki usein osoittaa kohtia, joille olemme olleet sokeita suhteessa omaan sydämeemme. Ihmi-

sen sydän on petollinen ja siksi me emme voi seurata vain omaa sydäntämme, toisin kuin maailma kehottaa. Jumala on kuitenkin antanut meille uuden, elävän sydämen kivisydämen sijaan! Uuden sydämen varjelua on pitää se Jeesukselle alamaisena.

Meidän tulee olla valmiita pyytämään anteeksi, kun Pyhä Henki siitä muistuttaa. "Jos siis tuot lahjaasi alttarille ja siinä muistat, että veljelläsi on jotakin sinua vastaan, niin jätä lahjasi siihen alttarin eteen, käy ensin sopimassa veljesi kanssa ja mene sitten uhraamaan lahjasi" (Matt. 5:23–24). Meidän ei tarvitse odottaa anteeksipyyntöä, vaan saamme olla ensimmäisiä, jotka nöyrrymme ja pyydämme anteeksi. Yhteyden vaaliminen yli oman ylpeyden on aina Jumalan mielen mukaista. Vaikka kokisimme, että meitä kohtaan on tehty väärin, voimme pyytää, että Pyhä Henki paljastaa, onko meidän sydämessä jotain, mistä me voimme tehdä parannusta ja pyytää anteeksi. "Kun seisotte rukoilemassa, antakaa anteeksi, jos teillä on jotakin jotakuta vastaan, niin että myös teidän Isänne, joka on taivaissa, antaisi teille anteeksi teidän rikkomuksenne" (Markus 11:25). Se, että päätämme antaa anteeksi vapauttaa meidät itsemme. Rakkaus peittää synnin seuraukset ja kun me valitsemme rakastaa, mikään ei sido meitä itseämme. Me annamme oikeuden Jumalan käsiin, emmekä asetu itse tuomariksi ihmisille. "Älä sano: 'Minä kostan pahan.' Odota Herraa, hän auttaa sinua." (Sananlaskut 20:22.) Me valitsemme antaa anteeksi ja Jumalan voima tekee anteeksiannon todelliseksi meidän sydämissämme.

Mitä tarkoittaa kohta: *"Äläkä saata meitä kiusaukseen"?* Jumala ei itse kiusaa ketään, vaan "jokaista kiusaa hänen oma himonsa; se häntä vetää ja houkuttelee" (Jaak. 1:13–14). Kun pysymme lähellä Jumalaa, jatkuvassa yhteydessä, vältämme osan kiusauksista, joihin voisimme muuten törmätä. Kun olemme jatkuvassa yhteydessä Isään, mielemme täynnä Jeesusta, emme edes ajattele samaa rataa kuin ilman häntä. Tällä tavalla emme ole samalla tavalla kiusattavissa. Vaikka Jumala ei kiusaa ketään, Jeesuskin tuli kiusatuksi, mutta ei langennut. Älä siis pelkää, että kiusausten kohtaaminen olisi rangaistus tai aina merkki siitä, että et eläisi Jumalan hengen mukaan. Meidän uskomme osoittautuu aidoksi, kun sitä on testattu. Kun kohtaamme kiusauksia, Jumalalla on aina meille pääsy kiusauksesta pois.

Yksi tapa vastustaa synnin kiusausta on juosta vastakkaiseen suuntaan. Jos tiedät kohdat, joissa olet vielä heikko, johda itseäsi hyvin ja siirrä itsesi pois tilanteista, joissa epäilet hoipertelevasi. Se suunta, mihin olemme kasvamassa, on Jeesuksen kaltaisuus, jossa muutumme niin hänen kaltaisiksensa, että synti ei millään lailla edes houkuta meitä. Se on avain siihen, että voimme olla maailmassa, mutta emme maailmasta: elää muiden ihmisten kanssa, eikä eristyksissä, mutta käyttäytyä taivaan valtakunnan alamaisina. Kun saatana kiusaa meitä, voimallisin tapa on vastata Jumalan sanalla. Jeesus vastasi kiusaajalle Jumalan kirjoitetulla sanalla, Raamatulla, ja vihollinen jätti hänet. Kun mekin olemme Jumalalle alamaiset ja vastustamme vihollista, hän pakenee (Jaak.

4:7). Tämän vuoksi myös on tärkeä tuntea Raamattu, jotta tunnemme totuuden. Sillä hetkellä, kun saatana kiusaa ei välttämättä pysty tutkimaan Raamattua, joten Raamattua kannattaa lukea jatkuvasti, silloin sanan miekka on heti tarvittaessa valmiina mielessämme. Uskon kilpi torjuu *jokaisen* nuolen, minkä vihollinen ampuu meitä kohti.

Me saamme päättää rukouksemme kuten olemme sen aloittaneetkin, ylistäen ja kiittäen. *"Sillä sinun on valtakunta ja voima ja kunnia iankaikkisesti."* Kiitä Jumalaa jo ennalta! Hänen on ikuinen valtakunta, hänen on kaikki voima ja kaikki kunnia. Kun hän vastaa rukouksiimme, hänen on kaikki kunnia. Vaikka hän ei vastaisi heti tai siten kuin odotimme, hänen on kaikki kunnia. "Iloitkaa aina. Rukoilkaa lakkaamatta. Kiittäkää joka tilanteessa, sillä sitä Jumala tahtoo teiltä Kristuksessa Jeesuksessa." (1. Tessalonikalaiskirje 5:16–18). Mitä ympärillämme tapahtuukaan, me kiitämme kaiken keskellä Jumalaa siitä, kuka ja millainen hän aina on. Hän on hyvä. Meidän ei tarvitse kiittää vaikeuksista, mutta saamme valita kiittää niiden keskellä. Tämän lahjan voimme antaa Jumalalle vain tässä ajassa!

Apostolien teoissa on ihmeellinen todistus ylistyksen voimasta. Paavali ja hänen lähetysmatkakumppaninsa ovat vankilassa, sidottuina jalkapuuhun, joka venyttää heidän jalkojaan kivuliaaseen asentoon. Varmasti heillä ei ole luonnollisia fiiliksiä ylistää, vaan he valitsevat tehdä sen, ja ylistävät Jumalaa kovaan ääneen. Tämän seurauksena kahleet koko vankilassa katkeavat! Ihmeellistä on myös se, ettei yksikään vanki silti pakene ja, että vanginvartija pelastuu. He ovat kaikki kohdanneet Jumalan voiman. Jumalan läsnäolo näkyy konkreettisesti siellä, missä hän on ylistetty. Ylistys on suurempi avain ja ase, kuin monet ymmärtävät. Ylistys yhdessä on merkittävää ja siksi seurakunta julistaa Jumalan ihmeellisyyttä samoin sanoin, laulujen kautta. Seurakunta on ylistänyt laulaen läpi vuosisatojen! Nostetaan myös meidän äänemme yksin ja yhdessä.

## Kutsu astua murtuneen muurin aukkoon

Sen lisäksi, että rukous syventää omaa suhdettamme Jumalan kanssa, meidät on myös kutsuttu rukoilemaan muiden puolesta. Tätä kutsutaan esirukoukseksi. Me asetumme jonkun toisen asemaan ja pyydämme Jumalalta hänelle sitä, mitä itse kaipaisimme vastaavassa tilanteessa. Esirukous on ihana tapa tehdä yhteistyötä Jumalan kanssa ja oppia tuntemaan hänen sydämensä muita ihmisiä kohtaan. Me saamme pyytää, että Jumala murtaa meidän sydämemme suhteessa siihen, mikä on murtanut hänen sydämensä. Se pehmentää meidän sydämiämme ja herkistää meitä kuulemaan Jumalan äänen. Uskon, että tästä murtuneesta paikasta nousevat rukoukset koskettavat Jumalaa erityisellä tavalla. Ilmestyskirja kuvaa kauniisti meidän rukouksiamme taivaassa: ne ovat kultaisella alttarilla ja nousevat suitsukkeiden kanssa Jumalan eteen (Ilm. 8:3–4). Meidän rukouksemme jäävät kaikumaan taivaaseen.

Hesekiel kirjoittaa Jumalan sydämen kaipuusta löytää edes yksi, joka rukoilisi häntä maan puolesta. "Maan kansa harjoittaa sortoa, ryöstää ja riistää. He tekevät vääryyttä kurjalle ja köyhälle ja sortavat muukalaista oikeudesta välittämättä. Minä (Jumala) olen etsinyt heidän joukostaan miestä, joka korjaisi muurin ja seisoisi muurinaukossa minun edessäni maan puolesta, ettei se tuhoutuisi. Sellaista miestä en ole löytänyt." (Hes. 22:29–30.)

Uskon, että sorto satuttaa Jumalaa vielä enemmän kuin sorrettuja. Hän on täydessä valmiudessa vastata kenen tahansa rukoukseen, ja pelastaa maa! Uskon hänen sydämen särkyvän, jos kukaan ei huuda häntä avuksi. Kutsu ottaa oma paikkansa Jumalan edessä muiden puolesta on edelleen voimassa! Esirukous on asettumista muurinaukkoon, jonka läpi saatanalla muuten olisi pääsy. Se on jokaisen Jeesuksen seuraajan kutsu. Raamattu puhuu siitä, että me niitämme elämässämme sitä, mitä olemme kylväneet. Esirukous on myös armon anomista ihmisille, että heidän ei tarvitsisi korjata kylvämäänsä. Esimerkiksi itsekkyyden luonnollinen seuraus on tuho. Me saamme nostaa rukouksemme perheiden, seurakuntien, johtajien, eri yhteiskunnan alojen, talouden ja kansojen puolesta ja sanoa, että saatanan suunnitelmat eivät toteudu, ei meidän valvontavuorollamme. Tulkoon taivaan valtakunta jo nyt maan päälle!

# Esirukouksen voima

*"mutta (jos) minun kansani, jota kutsutaan minun nimelläni, nöyrtyy ja rukoilee ja etsii minun kasvojani ja kääntyy pahoilta teiltään, niin minä kuulen taivaassa, annan anteeksi sen synnit ja teen sen maan jälleen terveeksi."*
*(2. Aikakirja 7:14)*

Jeesus sanoo, että kaikki, minkä me sidomme maan päällä, on sidottu taivaassa, ja kaikki, minkä me vapautamme maan päällä, on vapautettu taivaassa (Matt. 18:18). Meidän rukouksemme ovat näin merkityksellisiä, koska Jeesus on antanut oman auktoriteettinsa meille. Jeesuksen ylösnousemuksen jälkeen Apostolien tekoihin on tallennettu seuraava kertomus. "Siihen aikaan kuningas Herodes pidätti muutamia seurakunnan jäseniä ja antoi pahoinpidellä heitä. Hän mestautti miekalla Jaakobin, Johanneksen veljen. Nähtyään sen olevan juutalaisille mieleen hän sen lisäksi antoi vangita Pietarinkin. Silloin oli happamattoman leivän juhla. Otettuaan Pietarin kiinni Herodes pani hänet vankilaan ja luovutti neljän nelimiehisen sotilasryhmän vartioitavaksi aikoen asettaa hänet pääsiäisen jälkeen kansan eteen. Niin siis Pietaria pidettiin vankilassa, mutta seurakunta rukoili lakkaamatta Jumalaa hänen puolestaan.

Sen päivän vastaisena yönä, jona Herodes aikoi viedä Pietarin oikeuden eteen, Pietari nukkui kahden sotilaan välissä. Hänet oli sidottu kaksilla kahleilla, ja vartijat olivat vankilan ovella vartiossa. Yhtäkkiä hänen edessään seisoi Herran enkeli ja huoneessa loisti valo. Enkeli herätti Pietarin tönäisten häntä kylkeen ja sanoi: 'Nouse nopeasti!' Silloin kahleet putosivat Pietarin käsistä. Enkeli sanoi hänelle: 'Vyötä itsesi ja pane sandaalit jalkaasi.' Hän teki niin. Enkeli sanoi vielä: 'Heitä viitta yllesi ja seuraa minua.' Pietari lähti seuraamaan häntä, mutta ei käsittänyt, että se, mitä enkelin vaikutuksesta tapahtui, oli totta, vaan luuli näkevänsä näyn. He kulkivat ensimmäisen vartion ohi ja toisen ja tulivat rautaportille, joka vei kaupunkiin. Se aukeni heille itsestään, ja he menivät ulos ja kulkivat erästä katua eteenpäin. Yhtäkkiä enkeli jätti hänet. Tajutessaan tilanteen Pietari sanoi: 'Nyt todellakin tiedän, että Herra lähetti enkelinsä ja pelasti minut Herodeksen käsistä ja kaikesta siitä, mitä juutalaiset odottivat.'" (Apt. t. 12:1–11.)

Kaksi apostolia vangittiin, ja on mielenkiintoista, että erikseen mainittiin, miten seurakunta rukoili Pietarin puolesta, lakkaamatta. Teksti ei mainitse, että Jaakobin puolesta olisi rukoiltu. Ja Jumala pelasti Pietarin vankilasta yliluonnollisella tavalla, kun taas Jaakob mestattiin. En pysty asettamaan selkeää rajaa meidän rukouksien vaikutusten suhteen – mitä asioita Jumala toteuttaa joka tapauksessa, missä hän odottaa, että me rukoilemme ja missä hän ei toimi, koska kunnioittaa ihmisten vapaata tahtoa. Ja toisaalta Jeesus on sanonut, että hänen omiaan tullaan vainoamaan, koska me emme ole tästä maailmasta ja olemme vastakkain maailman hengen kanssa. Tämän kuitenkin tiedän: ensiksikin hän on Jumala, en minä, ja toiseksi hän silti rakastaa toimia meidän kauttamme ja meidän kanssamme. En halua, että mitään jää tapahtumatta ainakaan siitä syystä, etten ole rukoillut. Asenteemme voi olla esimerkiksi seuraava: "Isä, jos odotat, että joku maan päällä rukoilee tätä asiaa, niin nyt minä teen sen."

## Rukoile hengessä

Meidän ei tarvitse taakoittua vastuustamme rukoilla, vaan se saa vetää meidät lähemmäs Jeesusta. Voimme rukoilla niiden asioiden puolesta, mitä Pyhä Henki nostaa meidän sydämellemme. Olkaamme halukkaita kuulemaan, kun hän pyytää meitä rukoilemaan jonkin asian puolesta ja rukoillaan hänen kanssaan, täynnä Henkeä. "Tehkää tämä kaikki alituisessa rukouksessa ja anomisessa rukoillen joka hetki Hengessä. Sen vuoksi valvokaa kaikessa kestävinä ja rukoilkaa kaikkien pyhien puolesta." (Ef. 6:18.) Me emme voivottele tilanteita rukouksissamme, vaan julistamme Jumalan ratkaisuja! Joskus myös tarvitsemme rukouksessa kestävyyttä, kunnes näemme läpimurron. Pyhä Henki antaa meille lahjaksi rukouskielen, minkä avulla voimme lakkaamatta rukoilla hengessä. "Kielillä puhuva ei näet puhu ihmisille vaan Jumalalle.

Häntä ei ymmärrä kukaan, sillä hän puhuu salaisuuksia hengessä." (1. Korinttilaiskirje 14:2.)

Rukouskieli on hengen lahja, jota saa pyytää, jos sitä ei vielä ole. Se voi olla joku tunnettu kieli, mitä et itse osaa puhua, mutta se voi myös olla ja usein onkin jokin taivaallinen kieli, jota tämä maailma ei edes tunne. Se voi alkaa vaikka yhdestä tavusta, muutamasta sanasta ja tulla sujuvammaksi käytössä. Kuten mikä tahansa vieras kieli! Älä säikähdä, jos rukoillessasi suustasi alkaa tulla vieraalta kuulostavaa puhetta. Heittäydy vain mukaan! Rukouskieliä voi olla myös useampia, ja jos sinulla on jo yksi tai muutama, saat pyytää lisää. Isällä on aina lisää lahjoja lapsilleen. Kielet rakentavat puhujaa. Jos haluat kasvaa hengessä, pyydä rukouskieli. Se on seurausta Pyhän Hengen täyteydestä.

Kun rukoilemme kielillä, meidän henkemme kyllä rukoilee, mutta ymmärryksemme on hedelmätön (1. Kor. 14:14). Tämä ei ole huono juttu, vaan on itseasiassa suuri apu silloin, kun oma mieli laukkaa ylikierroksilla, kun on esimerkiksi vaikea keskittyä tai vaikea saada kiinni siitä, mitä Jumala ajattelee. Rukoilemalla hengessä kielillä pystymme ohittamaan levottoman mielemme ja esimerkiksi tunnekuohun, kunnes kuulemme Jumalan äänen. Meidän tulee nimittäin rukoilla hengellä, mutta myös ymmärryksellä (1. Kor. 14:15). Kun olemme hengen avulla saaneet kiinni Jumalan sydämestä, voimme alkaa rukoilla myös mielellämme.

# Rukoile uskossa

Jeesus liittää myös uskon rukoukseen. Hän sanoo, että jos joku sanoisi vuorelle: 'Nouse ja heittäydy mereen', eikä epäilisi sydämessään vaan uskoisi tapahtuvan sen mukaan, mitä hän sanoo, niin se todella tapahtuisi. Niinpä Jeesus kehottaa meitä uskomaan, että olemme jo saaneet kaiken, mitä rukoilemme ja anomme. (Mark. 11:23–24.) Usko ei ole tosiasioiden kiistämistä, vaan uskoa siihen, että Jumala on, kuka hän sanoo olevansa. "Uskossaan hän (Abraham) ei heikentynyt, vaikka hän, miltei satavuotiaana, *tiesi* ruumiinsa kuihtuneen ja Saaran kohdun kuoleutuneen. Jumalan lupausta hän ei epäuskossa epäillyt vaan vahvistui uskossa antaen kunnian Jumalalle." (Roomalaiskirje 4:19–20.) Paavali taas kirjoittaa kirjeessään Filippiläisille: "Älkää olko mistään huolissanne, vaan kaikessa saattakaa pyyntönne rukoillen ja anoen kiitoksen kanssa Jumalan tietoon" (Fil. 4:6).

Näistä kohdista löytyy avaimia uskontäyteiseen rukoukseen. Huomaatko, kuinka Paavali ei kehota pelkästään rukoilemaan, vaan aloittaa käskemällä: Älkää murehtiko! Tämä ei ole sama asia, kuin silmien sulkeminen, huolien kieltäminen tai positiivinen uskottelu. Paavali sanoo: älkää salliko huolien jäädä mieleen pyörimään, vaan tuokaa ne Jumalalle, ei valittaen, vaan kiitoksen kanssa. Se, että tuomme kaiken Jumalalle tarkoittaa sitä, että luotamme häneen enemmän, kuin itseemme. Me emme ratkaise ongelmia omalla ymmärryksellä ja omassa voimassa, vaan uskomme, että Jumala on hyvä, että hän tahtoo ja pystyy auttamaan. Hän kääntää ihan kaiken meidän parhaaksemme, jotka rakastamme häntä. Jeesus sanoo Luukkaan evankeliumissa: Jumala kyllä hankkii oikeuden viipymättä heille, jotka yötä päivää huutavat häntä avuksi. Mutta kun Jeesus tulee, löytääkö hän uskoa maan päältä? (Luuk. 18:8.) Jumala siis tahtoo auttaa, mutta löytääkö hän ihmisen, joka on valmis ottamaan häneltä vastaan uskossa?

Siispä voimme päätellä epäilyn ja huolen olevan uskon vihollisia. Epäily ei ole yhdentekevää, sillä se tukahduttaa sitä uskoa, mitä meillä itseasiassa on. Huoli voi tuntua pieneltä ja maailman keskellä normaalilta, mutta se syö tilaa toivolta ja me tarvitsemme toivoa, jotta voimme uskoa. "Toivossa me olemme pelastetut. Mutta toivo, jonka näkee toteutuneen, ei enää ole toivo. Kuka sellaista toivoo, minkä näkee!" (Room. 8:24.) Usko nimenomaan on luja luottamus siihen, mitä toivotaan ja varmuus siitä, mikä ei näy (Heprealaiskirje 11:1).

## Lähde liikkeelle!

Meidän usko on alun alkaen lahja Jeesukselta ja usko voi kasvaa! Usko on kuin lihas, joka kasvaa käyttämällä, riskejä ottamalla, sanaa lukemalla ja Jeesusta tuntemalla. Ole rehellinen sen suhteen, missä uskosi on. Jos tunnistat, että joissain tilanteissa uskot enemmän luonnollisia silmiäsi, kuin Jeesuksen sanaa, myönnä se Jumalan edessä ja etsi häntä. Tutki ja täytä mieltäsi hänen sanallaan, kunnes se tulee sinulle todelliseksi. Jeesus kehottaa anomaan, etsimään ja kolkuttamaan, sillä jokainen anova saa, etsivä löytää ja kolkuttavalle avataan. (Luuk. 11:9–10.) Kaikille uskoville on annettu usko, Jeesuksen täydellinen usko. Uskon kasvu tarkoittaakin meille annetun uskon käyttöä, sitä, että valitsemme uskoa, annamme sille tilaa ja toimimme sen mukaan.

Olen luopunut ajatuksesta, että minun täytyisi ymmärtää kaikki, ennen kuin voin lähteä rohkeasti juoksemaan sen kanssa, mitä tähän mennessä olen ymmärtänyt. Matteuksen evankeliumista luvusta 25 löytyy jälleen Jeesuksen esittämä vertauskuva. Mies uskoo omaisuuttaan palvelijoilleen, yhdelle viisi talenttia, toiselle kolme ja vielä eräälle yhden, kullekin kykynsä mukaan. Sitten mies lähtee matkalle ja tällä aikaa kaksi palvelijoista käy kauppaa saamillaan talenteilla, mutta yksi kätkee saamansa yhden talentin peloissaan maahan, ajatellen, että mies on ankara ja niittää sieltä, minne ei ole kylvänyt. Niinpä miehen palatessa kahdella ensimmäisellä palvelijalla on antaa tuplasti voittoa ja mies sanoo molemmille samat sanat: "Hyvin tehty, sinä hyvä ja uskollinen palvelija! Vähässä olet ollut uskollinen, minä panen sinut paljon haltijaksi. Tule herrasi ilojuhlaan!" (Matt. 25:23.) Kolmas palvelija kaivaa maasta aiemmin kätkemänsä talentin ja tuo sen miehen eteen. Mies sanoo häntä pahaksi ja laiskaksi palvelijaksi, ottaa häneltä yhden talentin ja antaa sen sille palvelijalle, jolla on jo kymmenen, koska tämä palvelija käyttää sitä, minkä saa ja moninkertaistaa sen.

Ei siis ole kyse siitä, paljonko meillä on ja mitä osaamme, sillä Jumala kyllä tietää, mitä hän on meille kullekin antanut ja hän odottaa meiltä hedelmää vain sen mukaan, eikä mittaa meitä suhteessa toisiimme. Jumalan valtakunnassa se, jolla on, saa lisää. Kun ymmärtää jotain nyt, oli se sitten vähän tai paljon, ymmärtää lisää myöhemmin. Ja vaikka tahattomasti tekisikin jotain väärin, Jumala ei rankaise! Hän korjaa ja opettaa, kuten Isä lastaan. Se, joka laittaa itsensä likoon, on Isälle mieleen enemmän kuin se, joka epäonnistumisen pelosta jää paikoilleen. Tämä on totta myös suhteessa rukoukseen. Raamattu lupaa, että Pyhä Henki auttaa meitä. Me emme tiedä, miten meidän tulisi rukoilla, joten Henki itse rukoilee meissä (Room. 8:26)! Ajattele, että myös Jeesus rukoilee meidän puolestamme (Room. 8:34). Olet parhaassa seurassa! Lähde siis rohkeasti liikkeelle sen kanssa, mitä sinulla on nyt. Jumala toimii voimallisesti sen kautta ja moninkertaistaa kaiken, minkä teet hänen kanssaan. Rukouksemme kantavat hedelmää ikuisuuteen asti!

**Sovellus omaan elämääsi:**

*Mistä olet kiitollinen? Listaa niin monta asiaa kuin mieleen tulee ja kiitä niistä Jumalaa!*

*Kenen ja minkä puolesta Pyhä Henki kutsuu sinua rukoilemaan nyt? Kirjoita nimet ja asiat ylös ja laita esimerkiksi muistutus kännykkään kellonajoille, jolloin rukoilet.*

*Minkälaisia vuoria (mahdottomalta vaikuttavia tilanteita) on edessäsi? Etsi Jumalan perspektiiviä haasteisiin ja anna uskosi kasvaa katsomalla Jeesukseen. Rukoile tästä käsin.*

# Luku 9:
# Täysin tunnettu

*"Rakasta Herraa, sinun Jumalaasi, kaikesta sydämestäsi ja kaikesta sielustasi, kaikella voimallasi ja kaikella ymmärrykselläsi, ja lähimmäistäsi niin kuin itseäsi"* (Luukas 10:27).

Lopuksi haluan nostaa vielä yhden tärkeän aiheen: ihmissuhteet. Tämä luku on pieni pintaraapaisu aiheeseen, mutta haluan silti avata vähän sitä, mikä rooli ihmissuhteilla on identiteettimme ja Jumalasuhteemme kannalta, ja jakaa muutaman avaimen ihmissuhteisiin, jotka tuovat taivasta maan päälle.

## Jumala lähteenä

Pienenä kertauksena Jumalan luonteesta: Jumala on täysin yhteyden Jumala, ja hänen olemuksensa kuvastaa tätä. Isä, Poika ja Pyhä Henki, täydellisessä yhteydessä, täydellisesti yksi. Liiton Jumala. Isä, Poika ja Pyhä Henki rakastavat ja kunnioittavat toisiaan. Heidän välillä ei ole yhtään kilpailua, vertailua tai kateutta. He toimivat yhdessä. Meidät on luotu tällaisen Jumalan kuvaksi, joten ei ihme, että meilläkin on kaipuu yhteyteen ja kipu ihmissuhteissa sattuu erityisen paljon. Meidät on tarkoitettu suhteisiin –Jumalan, oman sydämemme ja muiden ihmisten kanssa. Haluamme olla nähtyjä, kuultuja ja ymmärrettyjä. Kaipaamme kokemuksia siitä, että olemme samaan aikaan täysin tunnettuja ja silti rakastettuja. Me tarvitsemme kaikki ihmisiä, joilta saamme ottaa vastaan. Ja meidät on kutsuttu antamaan eteenpäin sitä, mitä meillä on.

Kuten kaikessa, myös suhteissa ihmisiin, Jumala haluaa olla elämämme perusta. Perustus on jo laskettu meille kaikille, ja se on Jeesus. Ei ole mitään muuta perustaa, mille voi rakentaa mitään kestävää (1. Korinttilaiskirje 3:11). Jos rakennamme ihmisten varaan, meidän koko elämä horjuu, kun ihminen horjuu –meiltä voi lähteä matto täysin jalkojen alta ja myös identiteettimme on pian hukassa. Tarkoitan, että me emme voi odottaa, että joku ihminen täyttää tai määrittelee meidät, emmekä voi arvottaa itseämme sen mukaan, mitä mieltä joku meistä on. Mikäli odotuksemme olla rakastettuja ja hyväksyttyjä kohdistuu pelkästään ihmisiin, me tulemme varmasti pettymään, ennemmin tai myöhemmin. Sen sijaan me saamme pohjata identiteettimme ihmistä korkeammalle totuudelle, sille, mitä Jumala meistä sanoo ja miten hän meitä rakastaa.

Jeesus on antanut meille suurimman käskyn: "Rakasta Herraa, sinun Jumalaasi, kaikesta sydämestäsi ja kaikesta sielustasi, kaikella voimallasi ja kaikella ymmärrykselläsi, ja lähimmäistäsi niin kuin itseäsi" (Luuk. 10:27). Korkein kutsumme on rakastaa Jumalaa kaikella meissä ja rakastaa ihmisiä, myös itseämme! Kaikki tämä alkaa kuitenkin siitä, että *me otamme vastaan Jumalan rakkautta*. Tämä vastaa huutavaan läheisyyden kaipuuseen, minkä vain Jumala täyttää täydellisesti.

Hänen rakkaudestaan kumpuaa meidän kykymme rakastaa –se täyttää meitä ja vuotaa yli. Me rakastamme, koska Jumala on rakastanut ensin meitä! Rakastamme todella itseämme sen mukaan, miten uskomme Jumalan meitä rakastavan ja rakastamme toisia samalla mitalla, millä rakastamme itseämme. Pystymme siis osoittamaan ehdotonta rakkautta vain siinä määrin kuin olemme itse ensin ottaneet Jumalan rakkautta vastaan.

Rakkautta ei ohjaa itsekeskeisyys ja pelkästään omat tarpeet, sillä se on epäitsekästä eikä etsi omaa etuaan (1. Kor. 13:5). Se ei anna vain jos saa takaisin, vaan rakkauden luonne on antaa. Jeesuksen ollessa rakkauden lähteemme, me emme ole suhteessa muihin vain saadaksemme, emmekä edes vaihtokauppasuhteessa, jossa molemmat antaa ja molemmat saa. Tämä tosin voi tapahtua hyvinkin usein, mutta *motivaatiomme* suhteeseen ei ole vain se, mitä saamme, vaan rakkaus: elämä rakkaudesta käsin, rakkauden vuoksi.

Epäitsekäs rakastaminen saattaa pelottaa, jos sitä varjostaa ajatus, että tulee jyrätyksi yli. Rohkeus rakastaa nousee siitä, että Jumalan rakkaus ei jätä meitä tyhjäksi, vaikka emme saisikaan takaisin ihmisiltä. Kun meillä on Jeesus, tunnemme todellisen rakkauden. Hänessä pysyen me emme ikinä pala loppuun –riippumatta ihmisten käyttäytymisestä. Odotuksemme ei kohdistu vain ihmisiin, vaan ennen kaikkea Jumalaan. Me saamme aina tavalla tai toisella niittää sitä, mitä olemme kylväneet. Jumala on uskollinen, vaikka ihmiset eivät olisi.

Tämän ollessa totta, me saamme kuitenkin myös opetella elämään tasapainoisissa ihmissuhteissa. Meidän tulee olla täynnä Jumalaa ja yhtä aikaa uskaltaa tarvita myös ihmisiä. Jumala nimittäin käyttää ihmisiä rakastaessaan ja opettaessaan meitä ja hän käyttää meitä rakastaessaan ja opettaessaan muita. Saamme pohtia myös, miltä rakkaus näyttää eri tilanteissa ja päättää millaisia rajoja me asetamme meidän ihmissuhteisiimme.

# Takuuvarmaa kasvua

Ratkaisu tähän jännitteeseen, kuinka täyttyä Jumalan rakkaudella ja ottaa vastaan ihmisiltä, on jokaisen henkilökohtainen suhde Jumalan kanssa ja nöyryys toinen toisensa edessä. Nöyryydellä tarkoitan sitä, että emme pidä itseämme muita parempana, ja tiedostamme, että emme ole ymmärtäneet kaikesta kaikkea. Nöyrinä pystymme ottamaan vastaan muilta sitä, mitä he ovat oivaltaneet. Samalla emme elä pelkästään muiden ilmestyksillä, vaan tunnemme Jeesuksen henkilökohtaisesti. Nöyrinä me pystymme ottamaan rakkautta vastaan myös ihmisiltä. Ajattele Jeesusta vauvana, miten nöyrä hän oli suostuessaan tarvitsemaan vanhempiaan ihan vain siihen, että hän pysyi elossa! Ja hän, täysin synnittömänä, oli kuuliainen vanhemmilleen, jotka kuitenkin ihmisinä tekivät myös virheitä. Jeesuksen Jumalasuhde oli täydellinen ja silti, läpi hänen elämänsä, hän antoi myös ihmisten rakastaa häntä.

Sen lisäksi, että elämän jakaminen yhdessä on hauskaa, kaunista ja rikasta monella tavalla, se on myös tervettä. Meidän kasvumme kannalta on hyvä, että ympäröimme itsemme ihmisillä, jotka uskaltavat antaa meille palautetta siitä, mille me olemme itse sokeita. Muut ovat usein realistisempi peili siitä, millaisia olemme, kuin meidän omat ajatuksemme itsestämme. Nimittäin suhteessa toiseen ihmiseen tulee herkemmin esiin se, mitä meidän sydämessä on: mitä todella uskomme itsestämme, toisista ja Jumalasta. "Niin kuin kasvot kuvastuvat vedessä, niin kuvastuu ihmisen sydän toisessa ihmisessä" (Sananlaskut 27:19).

Me voimme nähdä itsemme ideaaliminämme mukaan, ja käytös ihmissuhteissa paljastaa missä määrin uskomme on vielä pään tietoa, eikä käytännön todellisuutta. Ja toisinaan katsomme itseämme ankarin silmin ja tarvitsemme sitä, että toinen ihminen puhuu totuutta kohtiin, joissa olemme kuunnelleet valheita. Joskus toiset ihmiset jopa tunnistavat lahjamme meitä paremmin ja rohkaisevat meitä toteuttamaan sitä, keitä olemme.

Mitä varmemmin identiteettimme on Jeesuksessa, sitä vapaampia me olemme suhteessa muihin ihmisiin ja sitä rohkeammin uskallamme näyttää kaiken siitä, keitä olemme. Meidän ei tarvitse peitellä kasvua odottavia puoliamme! Jumala sanoo, että olemme puhtaita hänen edessään, ja hän on sitoutunut saattamaan hyvän työnsä meissä päätökseen niin, että kasvamme myös käytännössä kaikkeen Jeesuksen lunastamaan pyhyyteen (Filippiläiskirje 1:6). Kun kunnioitamme Jumalaa ja hänen mielipidettään meistä eniten, me emme pelkää ihmisiä emmekä kuuntele häpeän ääntä silloinkaan, kun tunnemme kasvukipuja. Vaikka loppupelissä Jumala saa aikaan kasvun, nöyryys vie meitä eteenpäin, sillä usein kasvu tapahtuu suhteessa toiseen ihmiseen (Sananl. 27:17).

## Kenen edessä riisut haarniskasi?

Uskon, että terveisiin ihmissuhteisiin kuuluu rajoja. Meillä on ensinnäkin valinta: ketkä ovat elämämme läheisimmät ihmiset? Jeesus jakoi elämää vain muutamien kanssa, vaikka hän rakasti ja palveli tuhansia. Meidänkin kuuluu tuntea omat rajamme. Kuinka monelle ihmissuhteelle minulla on aikaa tässä elämäntilanteessa? Ketkä ovat ne ihmiset, joilla on (lähes) aina pääsy minun luokseni, ja kenelle tarvittaessa sanon rohkeasti ei? Kuinka paljon jaan elämästäni ja kenelle? Me saamme päättää kenelle jaamme haavoittuvaisena ja kenen sanojen annamme vaikuttaa elämäämme. Meidän ei kannata avautua kaikille eikä meidän tarvitse antaa samanlaista painoarvoa jokaisen sanoille.

1. Samuelin kirja kertoo Israelin kuninkaan pojan Joonatanin asenteesta hänen ystäväänsä Daavidiin. Daavid oli Jumalan valitsema ja voitelema seuraava kuningas Israelin kansalle, eikä Joonatan pitänyt kiinni perillisen asemastaan, vaan kunnioitti Daavidia Jumalan valitsemana. Joonatan ei ollut katkera eikä kateellinen, ja näiden kahden miehen välille syntyi syvä ystävyys. "Joonatan teki liiton Daavidin kanssa, sillä hän rakasti tätä kuin omaa sieluaan. Hän riisui viitan yltään ja antoi sen Daavidille, samoin haarniskansa, vieläpä miekkansa, jousensa ja vyönsä." (1. Sam. 18:3–4.) Joonatan riisui asemansa tulevana kuninkaana ja antoi sen vapaaehtoisesti Daavidille. Samalla voimme nähdä, miten hän asettui täysin haavoittuvaiseksi Daavidin eteen. Joonatan riisui suojansa, mutta antoi aseensa Daavidille. Joonatan luotti Daavidiin täysin, sillä halutessaan hän olisi voinut haavoittaa Joonatania juuri sillä, mikä hänelle oli uskottu.

Haavoittuvaisuus edellyttää rohkeutta, mutta se on välttämätöntä syvissä ihmissuhteissa. Se on sielun alastomuutta toisen ihmisen edessä. Haavoittuvaisena lasket alas kaikki muurit ja maskit. Toinen ihminen saa todella nähdä sinut, niin vahvuutesi kuin heikkoutesi. Haavoittuvaisessa suhteessa annat toiselle ihmiselle myös luvan vaikuttaa sinuun. Hänen päätöksillänsä on seurauksia sinunkin elämässäsi. Syvää yhteyttä ei voi syntyä, jos pidämme kaikki ihmiset niin etäällä, ettei kukaan pysty satuttamaan meitä valinnoillaan. Jos yrittää suojella sydäntään kivulta, linnoittaa sen eristyksiin myös rakkaudelta. Me tarvitsemme viisautta tunnistaa, kenen edessä on turvallista elää haavoittuvaisena.

Toinen kaunis asia jakeessa on maininta liitosta. Joonatan teki liiton Daavidin kanssa ja he astuivat liittosuhteeseen: me olemme toistemme puolella ikuisesti. Liittosuhteet eivät perustu mukavuuteen, olosuhteisiin tai tunteisiin eivätkä ne tällöin myöskään hajoa, jos niitä ravistellaan. Liitossa ollaan, koska siinä ollaan – parempina päivinä ja huonompina. Avioliitto ei ole ainoa mahdollinen liitto, vaan me voimme solmia ystävyyssuhteita myös muiden kanssa. Liitto on tärkeä sanoittaa, koska liitossa ei olla yksin, siihen tarvitaan kaksi! Molempien osapuolien täytyy olla tietoisia suhteen syvyydestä ja sitoutua toisiinsa.

Liitossa luotetaan, että toisen sydän on ystävän puolella eikä liitto lakkaa olemasta voimassa, vaikka tulisi fyysistä etäisyyttä, aikaa kuluisi tai jokin elämässä muuttuisi. Uskon, että liittosuhteet voivat kestää läpi elämän! Jos sinulla ei vielä ole tällaisia haavoittuvaisia liittosuhteita, rukoile ja pyydä Jeesusta osoittamaan ihmiset, joiden kanssa tulet kulkemaan mahdollisesti loppu elämäsi. Vaali näitä suhteita rukoillen ja taistellen yhteyden puolesta. Jokainen hyvä ihmissuhde ei ole elämänmittainen liittosuhde. Se, että jokin suhde muuttuu tai päättyy ei ole epäonnistuminen. Kaikki syvätkään ystävyyssuhteet eivät välttämättä kestä läpi koko elämän, mutta ne ovat silti aina arvokkaita ja lahjoja tiettyä aikaa varten.

# Tuhoatko vai rakennatko?

Me olemme voimallisia vaikuttamaan kanssakäymiseemme muiden kanssa. Me saamme olla tarkoituksenmukaisia ihmissuhteissamme! Syvät ihmissuhteet eivät tapahdu automaattisesti, vaan niihin panostetaan tietoisesti. Ystäväni on sanonut osuvasti, että suhteissa ei ole staattista tilaa. (Tsekkaa Samu sen sano -podcast!) Me joko – ajatuksillamme, puheellamme ja lopulta teoillamme – rakennamme tai me tuhoamme toista ihmistä ja suhdetta hänen kanssaan.

Meillä on vastuu omista ajatuksistamme ja tunteistamme ja on meidän tehtävä kommunikoida ne rehellisesti, mutta ilman syytöstä itseämme tai toista ihmistä kohtaan. Me olemme myös vastuussa omista teoistamme ja erityisesti ihmissuhteissa meidän täytyy ottaa vastuu kömmähdyksistä. Vastuullisuus ei näytä häpeämiseltä tai itsensä rankaisemiselta, vaan siltä, että on halukas katsomaan omaa elämäänsä rehellisesti, kuulemaan toista ihmistä ja etsimään yhdessä tietä eteenpäin.

Sotkuja tulee aina, mutta hyvä uutinen on, että ne voi siivota aina. Suhteissa nimittäin nousee pintaan molempien osapuolien kipuja. Kaunista tässä on mahdollisuus kasvuun: kivun tilalle saa tulla eheyttä, totuutta ja vapautta. Tämän vuoksi sotkuja ei tarvitse pelätä, vältellä tai kieltää, vaan juosta rohkeasti niitä päin. Rakkaus ei kavahda haasteita. Se ei ole välinpitämätön tai vaikene mukavuuden nimissä. Rakkaus uskaltaa katsoa kipuun, koska se peittää kaiken.

Rakkauteen ei kuulu myöskään syytös. Kun keskustelemme haasteista ihmissuhteissa, on tärkeää erottaa identiteetti käytöksestä. Me emme ole yhtä kuin tekomme ja siksi me rohkenemme tarkastella käytöstämme puolin ja toisin. Jeesus kantoi häpeän puolestamme, ja me saamme rohkeasti opetella haavoittuvaisuutta toistemme edessä. Kun yhteentörmäyksiä tapahtuu, pidä sitä lahjana ongelman sijaan. Opettele kysymään rohkeasti itseltäsi, toiselta ihmiseltä ja Jumalalta: Mille olen sokea? Miten saan kasvaa? Miten kommunikoin paremmin? Mihin kohtaan sydäntäni saan löytää syvempää vapautta? Mikä uskomus, mikä minulla on itsestäni (tai toisesta), ei ole totta? Millä lailla yhä toimin uuden luontoni ulkopuolella (ts. vanhalla totutulla, mutta hedelmättömällä tavalla)?

Meillä on etuoikeus katsoa toisiamme Jeesuksen silmin. Me emme enää tunne *ketään* lihan (ihminen erossa Jumalasta) mukaan (2. Kor. 5:16). Joka tilanteessa saamme valita katsoa siihen, mitä Jeesus kenestäkin sanoo ja käyttäytyä itse sen mukaan. Tämä ei tarkoita, ettemme katsoisi kipukohtiin tai että sivuuttaisimme oman tai toisen tuhoavan käytöksen, vaan sitä, että me emme reagoi pelkästään käytökseen. Me saamme katsoa syvemmälle ja etsiä yhdessä sitä, mistä kipu nousee ja miten Jumala haluaa tuoda eheyttä kivun tilalle. Meidät on kutsuttu olemaan Jeesuksen ääni ihmisten elämässä ympärillämme. Meillä on etuoikeus toimia

Pyhän Hengen kanssa ihmisten rakentumiseksi ja rakentua itse ihmissuhteidemme kautta.

Yksi lihan taipumus, mikä kannattaa tiedostaa ja kitkeä pois, on vertailu. Vertailu tulehduttaa meidän sisintä ja tukahduttaa ihmissuhteita. Sen hedelmä on joko ylpeys tai kateus. Jos koen olevani muita parempi tai lahjakkaampi, tulen ylpeäksi. Ja vastaavasti, jos koen olevani jotain vähemmän kuin toinen, hiipii sisimpääni kateus. Ja siellä, missä on kateutta ja riidanhalua, siellä on myös kaikenlaista muuta pahaa (Jaakob 3:16). Ylpeys sen sijaan käy lankeamuksen edellä ja Jumala on ylpeitä vastaan (Sananl. 16:18, Jaak. 4:6). Kumpikaan näistä ei houkuttele, eihän? Jos vertailen itseäni johonkin toiseen, siinä ihmissuhteessa oma sydämeni ei voi olla täysin toisen puolella ja uskon, että hänen menestyminen on pois itseltäni. Mutta se mitä muilla on, ei ikinä ole minulta pois. Päinvastoin! Me saamme täysin iloita iloitsevien kanssa ilman kateutta ja itkeä itkevien kanssa ilman ylpeyttä (Roomalaiskirje 12:15). Me olemme samassa veneessä! Kun toinen ihminen voittaa esimerkiksi jonkin haasteen, se on voitto myös minulle. Me rakennumme yhdessä.

## Kapuloita rattaisiin

Samalla, kun me otamme vastuun itsestämme ja ihmissuhteistamme, meidän on myös tärkeää nähdä, että meillä todella on vihollinen, saatana, joka haluaa tuhota meidät. Vihollinen tietää yhteyden voiman. Hän mielellään sotkee ihmisten välejä, sekoittaa pakkaa ja saa meidät kääntämään selkämme toisillemme, vähintäänkin sulkemaan sydämemme toisiltamme. Hän tietää, että yksi hänen vaikuttavimmista aseistaan on haavoittaa meitä ihmisten kautta. Hän lietsoo väärinymmärryksiä, loukkauksia, kateutta, katkeruutta ja meidän "oikeutta" pitää kiinni kaikesta tästä. On tärkeää, ettemme ole tietämättömiä hänen juonistaan (2. Kor. 2:11). Hän tullut tuhoamaan, meidät on kutsuttu rakastamaan.

Ajattele: Meidät tunnetaan Jeesuksen omiksi siitä, että rakastamme toisimme! Se, että rakkautemme kylmenee toisiamme kohtaan, on haitallisin viesti maailmalle, minkä voimme lähettää. Ei ihme, että vihollinen haastaa juuri tämän. Yksi voimakas aseemme on rukous toistemme puolestamme. Rukous pitää meidän sydämemme pehmeänä ihmisiä kohtaan. Sydämestä lähtee myös ajatuksemme ja tekomme. Ole tietoinen, mitä omassa sydämessäsi tapahtuu liittyen muihin ihmisiin! Mitä ajattelet toisista ja minkälaista tarinaa kerrot itsellesi heidän käytöksestään? Yhteyden valitseminen ja suojeleminen on useimmiten arvokkaampaa kuin oikeassa oleminen ja sen todistaminen, tai loukkaantumisesta kiinnipitäminen.

Jumala on liittojen puolella, ja hän on ikuisessa liitossa meidän kanssamme. Hän on uskollinen kulkemaan rinnallamme kaikissa ihmissuhteissa ja auttaa meitä navigoimaan myös konfliktien läpi. Pyhä Henki auttaa meitä tunnistamaan mitä todella tapahtuu:

Mitä meidän täytyy työstää läpi ihmisten kanssa, ja mikä on vihollisen istuttamaa rikkaruohoa, jonka vain kitkemme yhdessä pois. Tällaisia istutusyrityksiä voivat olla esimerkiksi riidat, joissa kumpikaan osapuoli ei edes tiedä, mistä tässä oikein riidellään, kommunikaatiohaasteet, joissa viestit vain vääristyvät tai kireä tunneilmasto ilman selkeää syytä. Rikkaruohot lähtee, kun sotimisen sijaan valitsemme rakastaa.

*"Kiivas mies aloittaa kiistan, mutta pitkämielinen saa riidan loppumaan"* (Sananl. 15:18).

*"Vanhurskaan sydän miettii, mitä vastata"* (Sananl. 15:28).

*"Lempeä vastaus taltuttaa kiukun, mutta loukkaava sana nostaa vihan"* (Sananl. 15:1).

## Anteeksiannon voima

Ymmärrän, että monilla (meillä kaikilla!) on kipua ihmissuhteisiin liittyen. Voi olla, että olet avannut sisimpäsi, mutta sinua ei olekaan kohdeltu rakkaudella. Ehkä sinut on petetty. Voi olla, että olet saanut paljon kritiikkiä, mikä ei ole rakentanut sinua, niin kuin rakkaudellinen palaute rakentaa. Voi olla, että et enää halua ottaa vastaan kenenkään sanoja. Ehkä uskot pärjääväsi yksin. Ehkä ajattelet, että et ansaitse ihmeellisiä, syviä suhteita tai ettet kelpaa muille. Tämä lista on yhtä pitkä kuin tarinoidemme määrä. Mitä jos meitä satutetaan, eikä meiltä pyydetä anteeksi? Entä jos toinen osapuoli ei meidän mielestämme kanna vastuuta tai kohtele meitä odotuksiemme mukaan? Me olemme saaneet valtavan suuren velan anteeksi Jumalan edessä ja hänen kaltaisinaan myös meitä kutsutaan antamaan anteeksi. Jeesus on esittänyt tästä vertauskuvan Matteuksen evankeliumissa. Voit käydä lukemassa sen itse luvusta 18, jakeet 23–35. Kuinka me voisimme syyttää muita, kun Jumala ei syytä meitä? Anteeksianto on meidän valinta ja voimme antaa anteeksi jo ennen kuin sitä edes pyydetään!

Jumala on luvannut, että hän käyttää kaikkea, hän kääntää kaiken meidän parhaaksemme, jotka rakastamme häntä, jopa meitä vastaan tehdyt väärät asiat. Siksi me saamme odottaa sovitusta ennen kaikkea Jumalalta ja valita antaa anteeksi, vaikka tuntisimme vielä kipua. Me laskeudumme alas tuomarin istuimelta, ja luotamme, että Jumala, oikeudenmukainen tuomari, jakaa oikeuden ajallaan ja sillä tavalla, minkä näkee hyväksi. Kun annat anteeksi, kylvät tulevaisuuteesi, ja ennemmin tai myöhemmin niität makeaa satoa tavalla tai toisella.

Pietarikin kysyi Jeesukselta: "Herra, kuinka monta kertaa minun on annettava anteeksi veljelleni, joka rikkoo minua vastaan? Ihanko seitsemän kertaa?" (Matt. 18:21). Jeesus vastaa ettei seitsemän, vaan seitsemänkymmentä kertaa seitsemän (jae 22). Ydin tässä ei ole tietty luku, jonka täytyttyä olisi ok pitää yllä vihaa, vaan se, että me valitsemme antaa anteeksi laskematta kuinka monta kertaa sen teemme. Kun Jumala antaa anteeksi, hän pitää tapahtunutta niin kuin sitä ei olisi ikinä ollutkaan. Mekään emme anna anteeksi ja nosta aihetta myöhemmin uudelleen ja uudelleen esille. Antaessamme anteeksi me vapautamme toisen ihmisen hänen tekemästään erehdyksestä, emmekä enää koskaan laske sitä hänen viakseen. Rakkaus ei muistele kärsimäänsä pahaa, eikä pidä kirjaa virheistä (1. Kor. 13:5).

Se, että annamme anteeksi on ennen kaikkea meidän oma vapautemme (Johannes 20:23). Anteeksiantamattomuus on luvallinen laskeutumisalusta saatanan syytökselle ja valheille, ja se kahlitsee meitä itseämme enemmän kuin ketään muuta. Yhtä tärkeää kuin anteeksiantaminen toiselle ihmiselle, on antaa anteeksi itselleen kaikki, millä on satuttanut muita. Anteeksiannon armo on myös meitä varten, jotta emme pidä kiinni tuomiosta itseämme kohtaan. Jos tunnistat anteeksiantamattomuutta itseäsi kohtaan, ole myötätuntoinen ja mieti, mistä omasta kivusta kipua aiheuttava käytöksesi nousi. Mitä täydellinen rakkaus sanoo sinulle?

Antaessasi anteeksi ihmiselle, joka on toiminut väärin sinua kohtaan, saat edelleen asettaa rajoja elämääsi. Vaikka vapautat toisen tämän virheestä, etkä syytä häntä, saat päättää mikä rooli hänellä on elämässäsi. Kuinka lähelle sinua hän pääsee? Jos esimerkiksi luottamuksesi on rikottu, se ei automaattisesti palaudu, kun annat anteeksi, vaan sitä lähdetään rakentamaan uudelleen, mikäli molemmat osapuolet ovat siihen valmiita. Anteeksianto on valinta yhteyden puolesta. Se on merkittävä tekijä siinä, että sydämemme pysyy pehmeänä! Ja sen päälle on mahdollista aloittaa rakentamaan yhdessä uutta. Anteeksiannon voima on ihmeellinen, se ei ole tästä maailmasta, vaan taivaasta ja se voi kääntää mahdottomatkin tilanteet mahdollisiksi.

**Sovellus omaan elämääsi:**

*Paljastaako Pyhä Henki sinulle kohtia, joissa olet turvautunut ihmisiin enemmän kuin Jumalaan tai ollut kiinnostuneempi ihmisten mielipiteistä enemmän kuin Jumalan?*

*Ketkä ovat elämäsi 1–3 lähintä ihmistä, joiden edessä riisut haarniskasi?*

*Mieti jokin haastava ihmissuhde. Mitä Jeesus puhuu tästä ihmisestä? Miten Jeesus hänet näkee?*
*Miten voit rohkaista tätä ihmistä siihen suuntaan, mitä Jeesus hänestä sanoo?*

*Onko joku ihminen, jolta sinun tulee pyytää anteeksi? Tai jolle sinun kuuluu antaa anteeksi?*

*Kirjavinkkejä ihmissuhteisiin: Danny Silk: Unpunishable ja Keep Your Love On*

# Jälkisanat

*"Luotan täysin siihen, että hän, joka on alkanut teissä hyvän työn, vie sen päätökseen Kristuksen Jeesuksen päivään mennessä" (Filippiläiskirje 1:6).*

Kiitos, kun olet lukenut tämän kirjan. Jääköön mieleesi kaikki se, mitä Jumala kauttani sinulle puhuu, ja unohtukoon kaikki muu.

Rukoilen, että sinä, rakas lukijani, saat käsittää Jumalan valtavan rakkauden sinua kohtaan, kasvaa kaikkeen Jeesuksen täyteyteen ja astua rohkeasti omaan kutsuusi maan päällä.

Tulkoon Jumalan voima täydelliseksi ja hänen armonsa todelliseksi sinun elämässäsi. Peittäköön Jumalan täydellinen rakkaus kaiken.

Rukoilen, että sinun elämässäsi tapahtuu Jumalan hyvä tahto eikä yhtään vähempää.

# Kirjailijan terveiset

Yläasteen äidinkielen opettaja oli ensimmäinen, joka sanoi minulle, että minun tulisi kirjoittaa kirja. Nyt puolitoista vuosikymmentä ja kaksi lasta myöhemmin tämä tapahtui. Kirja syntyi hiljalleen parin vuoden aikana, esikoisen nukkuessa päiväunia ja hiottiin lopulta julkaisukuntoon kuopus sylissä.

Olen rakastanut Jeesusta lapsesta asti ja haluan nähdä Jeesuksen rakastettuna Suomessa. Olen käynyt lukemattomia keskusteluita kirjan aiheista ja nyt lempi puheenaiheeni on koottu yksiin kansiin. Minulle on ollut suuri ilo kirjoittaa tätä!